이제는 스펙이 아니라 스피치다

이제는 스펙이 아니라 스피치다

발행일	2020년 4월 24일

지은이	양재규		
펴낸이	손형국		
펴낸곳	(주)북랩		
편집인	선일영	편집	강대건, 최예은, 최승헌, 김경무, 이예지
디자인	이현수, 한수희, 김민하, 김윤주, 허지혜	제작	박기성, 황동현, 구성우, 장홍석
마케팅	김회란, 박진관, 장은별		
출판등록	2004. 12. 1(제2012-000051호)		
주소	서울특별시 금천구 가산디지털 1로 168, 우림라이온스밸리 B동 B113~114호, C동 B101호		
홈페이지	www.book.co.kr		
전화번호	(02)2026-5777	팩스	(02)2026-5747

ISBN	979-11-6539-167-6 03320 (종이책)	979-11-6539-168-3 05320 (전자책)	

이 도서의 국립중앙도서관 출판예정도서목록(CIP)은 서지정보유통지원시스템 홈페이지(http://seoji.nl.go.kr)와
국가자료공동목록시스템(http://www.nl.go.kr/kolisnet)에서 이용하실 수 있습니다.

양재규 스피치 원장의
성공을 부르는 말하기 기술

이제는 스펙이 아니라 스피치다

양재규 지음

스펙 쌓기에 성공했지만 번번이 입사 시험에서 탈락한다면 자신의 스피치 능력을 점검해 봐야 한다. 스피치의 양 날개라 할 수 있는 **자존감과 감성 능력을 키우는 방법**, 그리고 **상대와 공감하며 말하는 방법**을 양재규 스피치 원장이 알려준다.

북랩 book Lab

머리말

어떻게 하면 말을 잘할까? 이 문제는 프레젠테이션을 하는 직장인부터 회장 선거에 나가는 초등학생 아이들 그리고 면접을 보는 취업 준비생에 이르기까지 누구에게나 평생 힘겨운 고민거리다. 이제는 스펙이 아니라 스피치다. 자신의 주장을 논리적이고 감동적으로 어필할 수 있는 것이 능력이 되는 시대다. 따라서 분명하게 말하고 명확하게 의지를 드러내는 말을 어떻게 하면 잘할 수 있을까 고민하며 배우는 '스피치 수업'은 필수다. 또한, 관계를 맺을 때 명확한 발음과 설명을 통한 의사전달은 상대에게 신뢰감을 주어 원활한 대인 관계를 유지하도록 돕는다. 도대체 어떻게 하면 말을 잘할까 늘 고민인 분들에게 이 책의 일독을 권한다.

차례

말 잘하려면 이렇게 하라

내가
스피치다

스피치,
한 걸음 더

말이란

말은 사람이 의사소통을 하고 관계를 맺게 하는 유용한 도구이다. 중요한 것은 그 도구를 움직이는 것은 생각이라는 사실이다. "향을 싼 종이에서는 향내가 나고, 생선을 싼 종이에서는 비린내가 난다."

마음에 무엇을 담고 있느냐, 어떤 생각을 하고 있느냐 하는 마음가짐에 따라서 말이 나온다. 생각에 따라 행동이 나오고, 말하는 것을 보면 그 사람의 됨됨이를 알 수 있다.

제 아무리 달변가, 능변가라 할지라도 그 사람의 삶과 생각이 바르지 못하면 그 말에 힘이 없다. 부정은 부정을 낳고, 긍정은 긍정을 낳는다.

이제는 스펙보다 스피치다

이제는 스펙보다 스피치다.

자기 생각을 글뿐만 아니라 언어로 표현하는 것은 이미 필수 능력이 되어버렸다.

공부만 잘한다고 해서 성공하는 시대가 아닌 것이다.

중학교에서 자사고(자율형 사립 고등학교)만 가려고 해도 아이들은 면접이라는 관문을 통과해야 한다. 전에는 성적만으로 우열을 가렸지만, 이제는 생각을 가지고 목표가 분명하다고 판단되는 학생을 선발한다. 그 이후에도 대학 면접, 입사 면접이 자라나는 자녀들 앞에 놓여있다.

대학에 입학하고 직장에 입사만 했다고 해서 끝나는 일인가. 온갖 브리핑에 프레젠테이션이 우리를 기다리고 있다. 하다못해 경찰조차도 스피치를 배우러 학원에 다니는 시대다. 이제 스피치는 이 시대를 살아가는 모든 이의 숙제이자 능력이 되었다.

양재규 스피치 학원에 2년 넘게 중학생 아들을 보내는 어머니의 직업은 홈쇼핑 회사의 차장님이다.

그분은 뛰어난 외모의 소유자이기도 하고 상대를 설득하는 언변 또한 출중해서 쇼호스트 일을 하고 계시지만, 처음부터 이 일을 잘했던 것은 아니다. 부단히 발음 교정과 발성 연습을 했으며 목표 의식을 갖고 짧은 시간에 설득력 있게 말하는 연습을 하셨다고 했다. 그래서 그 어머니는 스피치 학원에 한창 공부해야 할 시기의 아들을 데리고 온 이유를 이렇게 말씀하셨다.

"제가 이 일을 하고 지금의 위치에 올라오니 면접도 보고 신입사원을 가르치기도 하는데 정말 한심하기 그지없어요. 유학에 토익 900점 이상은 기본이고 공부도 잘해서 학교도 좋은데 나왔는데, 말을 못해요. 물론 대화하는 데 불편하지는 않지만, 자신의 의견을 정리해서 말하라거나 이 제품을 사야 하는 이유를 요약해 보라고 하면 벙어리가 돼요. 정리해서 던져준 것 외우고 말하는 건 잘해도, 자기 생각은 없는 것 같아요. 그래서 생각했죠. 공부가 다가 아니다. 사람은 자기 생각이 있어야 하고 그것을 정리해서 표현하는 것을 잘해야 한다. 그것도 분명하게. 제 아들은 수학하고 영어 그리고 스피치는 꾸준히 가르치려고요. 그래서 원장님을 찾아왔습니다."

어머니의 의지는 확고했다. 남 앞에 서면 머뭇거리게 되고 입이 떨어지지 않는 것은 부끄럼을 타서가 아니라 자기 생각이 정리되어 있지 않았기 때문이다. 스피치의 기본은 '생각 정리'이고 이후에 발음과 서론, 본론, 결론으로 정리해서 말하는 기술이다.

그러기 위해서는 '자존감'과 '자신감'이 바탕이 되어야 하는데, 자기 생각이 확고하면 말하기 기술은 식은 죽 먹기가 된다.

스피치를 잘하는 사람은 사물이나 상황에 대해 깊이 생각하고 발산하는 통찰력과 공감 능력이 있다. 상대의 반응을 잘 관찰하고 대응하는 능력도 중요하지만, 자신의 감정 상태를 글로 써 보거나 자주 말해 보는 것도 효과가 있다.

떨리고 불안해서 말을 잘 못하겠다면 한 단어에 집중해서 자기 생각을 정리하는 방법도 좋다. 말을 잘하고 못하는 것은 오직 자기 생각이 있느냐, 없느냐 그리고 그 생각에 자신이 있느냐, 없느냐의 문제다. 결국 '자존감'의 문제인 것이다.

앞에서 말할 때 청중의 몸짓이나 눈빛이 신경 쓰인다면 당신은 자존감이 낮은 것이다.

자신의 감정을 있는 그대로 말해 보고 줄거리를 요약하고 이유를 말해 보는 것 또한 좋은 방법이다.

예를 들어, "제가 짜장면을 좋아하는 이유는 맛있고 달콤해서입니다."도 괜찮은 스피치란 걸 알아두면 일단 마음은 편할 것이다. 어떤 것을 좋아하는 이유를 한 가지씩 늘려서 말해 보는 습관을 들인다면 다른 스피치도 잘할 수 있다.

스피치를 잘하고 싶거든 '자존감'을 높여야 한다.
이제 공무원 사이에서도 스피치 열풍이 불고 있다.

이제는 스펙이 아니라 스피치다

자기 생각을 표현하고 조리 있게 전달하는 것이 시대가 요구하는 인재상과도 직결된다는 말이다. 초중고생뿐만 아니라 양재규 스피치 학원에 오는 성인들조차도 아주 간단한 자기 생각을 정리해서 표현하지 못하는 것을 보고 놀라움을 금할 길이 없었다. 간단히 말해서 "좋아하는 것이 무엇인가요?", "싫어하는 것이 무엇인가요?"라는 간단한 질문에도 우물거리고 벙어리가 되기 일쑤이다.

그 이유는 지금껏 자신이 무엇을 좋아하고 싫어하는지 생각해 보지 않았던 것이고 또 하나는 자신의 머릿속에 지금 막 떠오른 이것이 맞는지, 틀린지, 혹은 질문한 사람의 의중에 맞는 대답인지 판단이 서지 않기 때문이다.

한마디로 자신감이 없고 지금껏 자신이 아닌 남의 눈치를 보며 자신을 끊임없이 비교하며 살아온 결과일 것이다. 그래서 스피치는 한마디로 '자존감의 표현'이다. 또한, 스피치는 '감성의 양만큼'이다.

나를 제대로 알고 감성이 풍부해진다면 5분 스피치가 아닌 2시간짜리 강연도 충분하다.

스피치를 잘하고 싶거든 아래의 질문에 대해서 바로 생각하고 쓰고 말해 보라.

1. 내가 좋아하는 것은 무엇인가?
2. 싫어하는 것은 무엇인가?
3. 나는 어떤 성품의 소유자인가?
4. 다른 사람은 나를 어떻게 볼 것이라 생각하는가?
5. 잘하는 것은 무엇인가?
6. 하고 싶은 것은 무엇인가?
7. 죽기 전에 하고 싶은 것은?

이제는 스펙이 아니라 스피치다

말은 어떻게 만들어지는가

말을 어떻게 하면 분명하게 할 수 있는가?

이 부분은 스피치를 배우러 오는 대부분의 사람이 호소하는 문제이지만, 그 해결점은 명료하다. 말이 어떻게 만들어지는지를 알면 쉽게 해결된다.

첫 번째, 가수 박진영은 어느 오디션 프로그램에서 "공기 반, 소리 반."이란 말을 해서 그 이후로 노래를 잘하는 사람들을 표현할 때 농담처럼 회자되었다. 공기를 원활하게 잘 내보내야 성량이 풍부해서 노래 또한 잘하게 되듯이 '말'은 곧 '호흡'이고 '바람'이다. 다시 말해서 공기의 흐름이다.

사람의 말소리는 배나 가슴속에서 나가는 바람의 강도이다. 즉, 호흡이 부정확하거나 약하면 소리가 작아지고 떨리며 사라진다. 그 때문에 호흡만 조절해도 볼륨에 지대한 영향을 끼친다. '복식 호흡'이란 말을 다들 들어 보았을 것이다. 복식 호흡은 호흡을 통해서 공기를 뱃속 깊숙이 넣었다가 밖으로 뿜어내는 것이다. 배에 힘을 주고 말하는 것이 아니라 숨을 들이마실 때는 배를 내밀면서 코로 천천히 들이마셨다가 숨을 참고 3~5초 정도 잠시 정지하고 숨을 내쉴 때도 역시 천천히 배를 집어넣으면서 숨을 치아 사이로 조금씩 끊어서 내쉬는 것이다. 이러한 방법으로 연습한 뒤 입을 크게 벌리고 말하면 공기의 양과 흐름이 원활해져서 전보다 풍성한 성량이 될 것이다. 완벽하게 하면 좋지만, 성악가도 아닌 일반인에게는 복식 호흡을 이해시키기도 힘들 뿐만 아니라 실행하기도 힘들다.

그래서 가장 간단하고 확실한 방법은 '입을 크게 벌려 말하기'이다.

두 번째, '혀의 움직임'이다.

혀는 바람이 배에서 나와 입 밖으로 나가기 전에 공기의 양과 방향을 조절하고 거르는 작업을 한다. 운전대와 같은 것이다.

그래서 혀를 자유자재로 움직이지 못하면 발음이 분명하지 않게 된다.

혀가 선천적으로 짧다면 문제가 되겠으나 표준에 미치지 못하는 경우더라도 글자 한 자, 한 자의 음가를 온전하게 소리 내 말하는 연습만 해도 호전된다. 예를 들어 "당신은 아름다운 사람입니다."라는 문장으로 읽기 연습을 한다면 "당. 신. 은. 아. 름. 다. 운. 사. 람. 입. 니. 다."처럼 소리 나는 발음대로 읽어 내려가는 것이 아니라 한 글자씩 완전한 음가를 내어 말하고 'ㄹ' 발음이 들어간 말들로 혀를 잘 풀어 주는 연습을 하면 빠르게 개선된다.

세 번째, '입 모양'이다.

'ㅏ, ㅑ, ㅓ, ㅕ' 등을 '모음'이라고 부르고 자음은 허파에서 올라오는

공기가 구강(口腔) 안의 어느 부분 또는 성문(聲門)을 마찰하거나 폐쇄하여 조음되는 음이다.[1]

입 모양은 쿠키를 만드는 틀과 같다. 입안의 공간과 입 모양 그리고 공기의 흐름과 혀의 움직임을 통해 우리는 비로소 말소리를 듣게 된다.

그래서 처음 스피치 연습을 할 때는 과도하게 입을 벌려 연습한다. 흔히 발음을 정확하게 하기 위해 볼펜 등을 입에 가로로 물고 연습을 하는데 이것은 입을 크게 벌리게 하여 공기를 원활하게 배출시키는 방법이다. 나는 이 과정을 하지 않는다. 이유는 간단하다. 힘들다.

한 가지만 기억하라. '입을 크게 벌리면 된다.' 평소 자신의 입 모양을 거울을 보며 잘 관찰해 보라. 입 모양을 잘 조절하는 것만으로도 말은 비로소 '말소리'가 된다.

'말'은 '자신'이며 '자신감'의 표현이다.

또한 발음이 잘 안 되는 분들에게 도움이 될 만한 팁을 말하자면, 혀가 짧은 것도 아닌데 발음에 이상이 있는 사람의 원인은 어디 있는가?

---

1)   출처: 한국 민족문화 대백과 사전 요약.

첫 번째, 말이 빠르다.

말소리는 곧 공기의 진동이다. 말이 빠르다는 것은 공기가 밖으로 빠르게 배출되고 있다는 말인데, 이렇게 되면 빨리 배출되는 공기와 입 모양, 혀의 움직임 등이 원활하게 작동될 시간을 놓친다.

두 번째, 입을 크게 벌리지 않는다.

입 모양은 말을 찍어내는 틀이다. 대개 말이 꼬이거나 짧은 말을 하는 사람들은 입을 크게 벌리지 않고 목이나 가슴으로 말하는 경향이 있다.

세 번째, 혀를 잘 움직이지 못한다.

혀는 말을 만드는 도구이다. 혀는 배에서부터 뿜어져 나오는 공기를 막아 주고 걸러 주어 말이 되게 한다.

네 번째, 배에 힘이 약하고 목이나 가슴으로 말한다.

복식 호흡을 오해해서 배에 힘을 주고 말하는 사람이 있는데 힘을 주라는 말은 공기를 호흡으로 충분히 저장하라는 말이다. 그래서 그 공기가 분출될 때 원활한 소리가 나온다. 배에 힘이 약할 때 또한 말이 짧게 될 수도 있다. 말의 소리는 입 모양, 호흡, 혀의 움직임의 집합체이다.

이제는 스펙이 아니라 스피치다

발음이 짧은 것은 이 세 가지를 조정하고 천천히 읽는 연습을 하면 고칠 수 있다.

말을 더듬는 경우에도 이 방법으로 꾸준하게 지도한 결과 개선된 사례도 있다.

혀가 짧아서 발음이 안 되는 것이 아니라 습관에 따른 정확하지 않은 발음의 교정은 진짜로 간단하다!

사라지면 안 돼요

대화를 할 때 상대가 참으로 당황스러울 때가 언제인가?
강의나 설교를 들을 때 긴장감과 집중력이 떨어질 때가 언제인가?

1. 밑도 끝도 없이 불쑥 말이 들어올 때.
2. 어처구니없는 유머를 남발할 때.
3. 자기 말만 계속할 때.
4. 한창 말하다가 마무리가 없을 때.
5. 나중에 말한다고 해놓고 안 할 때.

당신은 몇 번인가? 나는 4번이다.

나머지는 말하는 법이 서툴러서 그렇다 치고 애교로 봐줄 수도 있다. 그러나 4번은 일단 들리지 않아서 무슨 말인지 모르니 당황스럽다.

소리가 들리지 않고 사라지는 이유는 말하는 사람의 호흡이 짧거나 본인은 말을 했는데 안으로 말해서 그러하거나 상대가 내 말을 알아들었을 것이라는 착각이 불러일으킨 참상이다.

이제는 스펙이 아니라 스피치다

해결 방법은 간단하다.

1. 한 자, 한 자 음가를 모두 소리 내 발음한다.
2. 띄어 읽는 연습을 한다.
3. 끝까지 말한다.

끝까지 말하는 것은 마침표, 즉 "…입니다."까지 말하는 것이다. 입을 크게 벌려서 끝까지 말하라.

그러면 입안에서 우물거리는 소리가 밖으로 나온다. 입안의 공간을 넓혀야 한다.

목을 열어 공기가 원활하게 나오도록 하고 혀를 움직여 조절한다. 노래나 말을 잘하는 비결은 간단하다. 딕션, 즉 발음을 정확하게 하라!

그러면 신기하게 음도 잘 맞는다.

말은 먹는 게 아니라 뱉어내는 것이다!

이제는 3분을 넘어 2분 스피치다

흔히들 3분 스피치라 말하는 데는 나름의 이유가 있다.

사람이 상대의 이야기를 집중해서 듣고 분별하는 시간이 3분인 것이다.

다시 말해서 인간의 뇌는 끊임없이 여러 가지 정보를 분류하고 검토하며 저장할 것과 버릴 것을 나눈다.

이때 3분이라는 수치는 인간 뇌 활성의 주기라 해도 과언이 아니다.

뇌는 새로운 것을 통해서 활성화되기도 하지만 이내 지친다.

그래서 상대의 뇌가 지치기 전인 3분 안에 자신이 말하고자 하는 내용을 신속하고도 명료하게 전달할 필요가 있다.

그런데 매스미디어의 발달과 정보의 홍수 속에서 사람들의 뇌는 참을 수 없으리만치 지쳐있다. 다 아는 이야기이고 식상한 말을 앞에 선 사람이 말할 때면 지치는 속도가 더 빠르다.

그래서 자신이 하고자 하는 말을 하나의 단어나 문장으로 명쾌하게 말하는 능력이 더욱 절실하게 요구되는 것이다.

그러기 위해서는 자신이 하고자 하는 말의 주제나 단어를 잘 잡아야 한다.

이것은 단순하면서도 중요하다.

성경을 두 자로 줄이면 '사랑'이 되듯이, 자신의 주장을 한 단어나 한 문장으로 내뱉고 시작하는 것은 사람의 뇌를 활성화시키는 중요한 수단이다. 그리고 나서 사례나 명언이 들어가면 금상첨화다.

사람들은 기다리지 않는다.

이제는 3분을 넘어선 2분 스피치의 필요성이 대세다.

예전에 국어 시간에 논설문을 보면 '수미상관법'이라든지 '두괄식'이라는 말을 들어 보았을 것이다. 자신이 말하고자 하는 요지를 먼저 말하고 점차 풀어서 설명하는 방식이다.

이 방식은 상대로 하여금 궁금증을 유발하고 스트레스받은 뇌를 이완시켜 줌으로써 자신이 말하고자 하는 내용을 더 잘 전달할 수 있는 방식이 되는 것이다.

더욱더 짧고 굵게 자신이 말하고자 하는 내용을 요약하는 연습을 해라.

첫 번째로는 주제를 정하고, 두 번째로는 연관되는 단어나 사례를 정리한 후, 세 번째로는 확장해서 풍성하게 하는 방식이다.

처음부터 장황하게 말을 늘어놓다 보면 청중은 이미 딴생각을 하고 있을 것이다.

정리해서 말하려면

"저번에 본 영화 내용이 뭐야?"

"어… 그게…."

"그 책 줄거리 좀 얘기해 봐."

"어… 그게 말이야…."

대화를 하든 여러 사람 앞에서 말을 하든, 정리해서 말한다는 건 쉬운 일이 아니다.

정말 힘든 사람에게는 일을 넘어서서 공포다.

줄거리 정리가 안 되는 유형은 크게 3가지다.

1. 장면은 기억나는데 연결이 안 되는 유형.
2. 장면들을 너무 장황하게 풀어서 말하는 유형.
3. 서론이 너무 길어서 돗자리 까는 데 시간을 다 잡아먹는 유형.

초간단 줄거리 정리 스킬로 이제 말하기 정리 정돈을 끝내 보자.

이제는 스펙이 아니라 스피치다

줄거리 정리 연습은 다음과 같다.

1. 초등생 저학년용 그림 동화책 한 권을 읽는다.
2. 글을 가리고 그림만 보고 이야기를 꾸며 본다.
3. 책을 덮고 줄거리를 간단하게 적어 본다.
4. 중요한 사건을 중심에 두고 전과 후로 나눈다.
5. 서론은 간결하게(꼭)!
   - 서론이 길면 갈 길이 멀어서 더 막막해진다.
6. 장면을 전환할 때는 "그러던 어느 날…"이나 "그런데…" 등의 접속어로 바로 넘
   간다.
7. 동화책 한 권으로 3회 이상 연습한다.

끝!

양재규 원장의 말 잘하는 법 22가지

첫 번째, 자존감을 높여라.

부끄럽거나 다른 이들의 표정에 당신이 좌지우지된다면 자존감을 체크하라.

두 번째, 한 단어만 생각하라.

여러 가지를 모두 정리할 수는 없다. 한 단어만 공략하라. 그러면 그 단어를 향하여 모든 생각이 집중되어 주제와 소재가 연결된다.

세 번째, 질문하는 연습을 해라.

질문은 최고의 스피치다. 상대가 관심 있어 하는 걸 질문하면 최고!

네 번째, 상대의 질문 뒷부분을 되받아서 말하라.

예를 들어, "좋아하는 음식이 뭐예요?"라고 묻는다면 "아… 제가 좋아하는 음식은요…"라고 말하면 표현이 풍성해진다.

다섯 번째, 감성 지능이 언어 지능이다.

분위기 파악, 뉘앙스, 어조의 변화, 이것 모두 감성 지능의 결과다.

여섯 번째, 그림 그리듯 말하라.
사람들은 상대의 말을 들을 때 문자로 이해하지 않고 이미지로 이해한다. 또한, 단어나 문장으로 말의 내용을 판단하는 것이 아니라 감성으로 이해한다.

일곱 번째, 꽂힌 말이 꽂힌다.
꽂히는 말을 하고 싶으면 먼저 당신의 마음에 꽂힌 말을 하라. 그것이 최선이다.

여덟 번째, 과거가 답이다.
모든 이야기는 과거에 있다. 그것도 당신의 과거에…. 이제 더 이상 할 말이 없다는 말은 그만해라.

아홉 번째, 칭찬과 경청을 몸에 익혀라.
잘 듣는 것이 잘 말하는 것이다. 상대에게서 좋은 점을 찾아서 칭찬하는 기술은 스피치를 빛나게 한다.

열 번째, 생각하라.
생각하지 않고 외워서 내뱉는 말은 영향력이 없다.

열한 번째, 감정을 말하라.
자신의 감정 상태를 솔직하게 표현하는 연습을 해라. 감성이 풍부해진다.

열두 번째, 잘 살아라.

성품과 말은 연결되어 있다. 말은 그 사람이다. 생각과 살아 온 궤적이 말이 된다.

열세 번째, 기왕이면 웃어라.

웃는 얼굴에 밝고 맑은 생각이 스며들기 마련이다.

열네 번째, 발음은 정확하게 해라.

내용이 아무리 좋아도 발음이 정확하지 않으면 집중도가 떨어진다. 사투리라도 명확하게 말하는 것이 웅얼거리는 소리보다 낫다.

열다섯 번째, 짧고 굵게 말하라.

이것은 기술이다. 말은 절대로 길게 하지 마라. 말 길게 하는 사람을 좋아하는 사람은 없다. 상대의 반응을 의식하고, 상대가 당신의 말에 반응하지 않거나 무표정이면 지루하다는 것이다. 그럴 때는 그만해라.

열여섯 번째, 가르치듯 말하지 마라.

선택은 그들의 몫이다. 자기 생각이나 말이 절대 옳다는 생각은 유아기적 착각이다. "너나 잘하세요."라는 말을 듣기 싫다면 짧게 말하거나 내 생각이라고만 하라.

열일곱 번째, 입을 크게 벌려라.

말은 공기의 흐름이다. 공기가 원활하게 소통되도록 표정을 밝게 하고, 입을 벌리고 입 모양을 명확하게 하는 연습을 해라. 입을 작게 벌리면 말을 먹게 된다. 말은 먹는 것이 아니라 뱉어내는 것이다.

열여덟 번째, 끝을 명료하게 하라.
말을 했으면 "…다.", "…요."라고 끝을 명확하게 마쳐라. 끝을 흐지부지하게 끝내면 사람도 흐지부지하게 보인다.

열아홉 번째, 상대의 눈을 보고 말하라
다른 곳에 시선을 두지 마라. 서로 불편하다. 가슴을 상대방과 마주하고 눈과 코, 얼굴을 보고 말하면 신뢰감을 준다.

스무 번째, 맘에 드는 글귀들에 의미를 붙여서 말하기를 연습해라.
속담이어도 좋다. 책을 읽다가, 드라마를 보다가 맘에 꽂히는 말, 그 말에 당신의 생각을 얹어라!

스물한 번째, 꼬리에 꼬리를 물며 말해라.
말이 안 되어도 좋고, 이어지지 않아도 좋다. 될 수 있는 한 연관되는 단어들과 형용사를 이용하여 읊조려라.

스물두 번째, 사물에 대하여 생각하여 정리해라.
나무나 책상… 아무거나 괜찮다. 그 물체의 특성, 재질, 특징… 아무거나 좋다. 생각하고 기록하라. 그러다 보면 한 가지 주제에서 여러 가지 소스가 생길 것이다. 그것이야말로 당신의 파워 워딩이 된다.

스피치에 대한 이해,
알아주면 통하는 알통(通) 스피치

스피치란 자기 생각을 정리하여 상대가 알아들을 수 있도록 언어를 사용하여 효과적으로 전달하는 것이다.

예전의 웅변이라는 것이 큰 소리로 연설하는 것이었다면 최소한 내가 지도하는 스피치는 그것과는 조금 궤를 달리한다. 또한, 일반 사람들이 스피치를 떠올리면 정확한 발음, 호흡, 연설이나 발표만을 떠올리는데 그것뿐만 아니라 대화, 인간관계, 자신감 모두를 아우르고 한 걸음 더 나아가 말을 통한 생각 정리와 자존감 회복 부분에서도 지대한 효과를 거둔다.

또한, 여러 사람 앞에서 말하는 연습을 하면 자신감이 생겨서 얼굴이 빨개지지도 않고 머리가 하얗게 되는 것도 줄어들고 발표를 잘할 수 있을 거로 생각하는데 틀린 말은 아니지만, 공부와 마찬가지로 스피치도 결국 혼자 하는 것이다. 혼자 해내야 한다.

"배운 것을 남에게 가르쳐 줄 수 있을 때 그것이 진정으로 아는 것이다."라고 말한 고등학교 교사인 친구의 말이 이에 적용된다. 자신이 말하고자 하는 내용을 온전히 숙지하고 가지고 놀 수 있을 때 비로소 진정한 스피치가 완성되듯이 '스피치'는 '생각 정리'이다. 자기 생각이 정리되어 확고하기까지 하다면 자신감이 생기고 불안하지도 떨리지도 않는다. 떨리더라도 이내 자신감을 갖게 되고 좌중을 압도하기까지 할 것이다.

오랜 시간 동안 스피치를 지도해 오면서 스피치와 사람에 관한 하나의 깨달음을 얻었다. "사람은 자신을 알아주고 마음을 알아줄 때 움직이고 반응한다."라는 것이다. 그래서 강의 주제와 스피치 코칭의 방향은 알통 스피치가 되었다. 알통(通) 스피치는 '알아주면 통하는 스피치'다. 알통 스피치가 결국 목표하는 바는 자존감과 자신감 회복, 상대의 마음을 알아주는 마음과 말로 인한 부드러운 인간관계 형성과 더불어 자기 생각을 잘 정리하여 어떤 상황에서든지 술술 말할 수 있는 '어디서나 즐거운 자신감'이다.

사람은 자신의 마음을 알아주는 사람에게 끌린다.
누군가가 당신에게 무언가를 질문한다면 당신에게 답만을 구하는 것이 아니다. 대화를 원하는 것이고 이는 관심의 첫 단계이다. 누군가 당신에게 짜증을 낸다면 불편하다는 것임과 동시에 자신의 마음을 알아주고 해결해 달라는 것이다. 자신은 뒤끝이 없는 사람이라며 자신이 분을 못 이겨서 하고 싶은 말을 다 해 놓고 이제 다 풀렸다며 웃고 있다면 정확하게 정신이 이상한 사람이다. 혹시 주위에 이런 사람이 있다면 관계를 끊어라. 경험상 결국 끝이 좋지 않다.

스피치는 자존감을 기반으로 한 '배려'에서 출발한다.

상대의 감정 상태나 분위기 등을 배려하며 자기 말을 해야 한다. 그래서 설교나 강의를 시간을 넘기며 오래 하는 것은 배려 없는 행동이며 어디서도 환영받지 못한다. 감성 능력과 공감 능력이 떨어지는 사람은 자신이 지금 느끼는 감정의 상태가 전부라고 착각하는 오류를 범한다. 강의나 설교가 아무리 재미있고 해 주고 싶은 말이 많아도 자신의 흥에 못 이겨 절제하지 못하고 말한다면 지극히 유아적인 스피치의 소유자라 생각하면 맞다. 스피치는 정갈해야 하며 '과유불급'이란 말이 제대로 된 표현이다.

스피치를 잘하고 싶다면 자기 생각을 정리해서 1분 안에 말하는 연습을 꾸준히 하라.

간단한 예를 들어서, 내가 짜장면을 좋아하거나 싫어하는 이유 세 가지와 짜장면에 얽힌 추억을 떠올리고 짜장면을 통하여 내가 전하고 싶은 내용을 정리하면 된다. 이런 짧은 생각들이 정리되어 여러 사례를 붙이면 한두 시간 분량의 강연이 되는 것이다.

자기 생각을 한마디로 정리할 수 없다면 아직 밖으로 내놓을 단계가 아니다.

스피치에서 이유와 자기 생각이 충분하다면 스킬은 한참 뒤의 문제다.

자기 생각이 정리되면 스킬은 따라오는 것이다.

알통 스피치는 상대를 배려하는 스피치다. 알아주고 배려할 때 인간관계도 좋아지고 당신은 더욱 분명하고 믿을 만하며 좋은 사람으로 인식될 것이다.

이제는 스펙이 아니라 스피치다

말 잘하려면 이렇게 하라
─표정 편

표정이 밝으면 말소리도 밝다.

"말소리에 힘이 없어요."
"말소리가 잘 안 들린대요."
"고음이 잘 나오지 않아요."
"발음이 부정확하다고 해요."
"표정 때문에 오해받을 때가 있어요."
"난 괜찮은데 무슨 일 있냐고 물어요."

표정이 밝으면 모든 것이 밝아진다.

노래할 때 표정이 밝으면 소리도 밝고 울림이 좋다. 지휘자가 입꼬리를 올리고 웃으면서 하라고 계속 주문하는 이유는 보기 좋게 하거나 기분 좋게 부르라고 하는 이유뿐만이 아니다. 가사의 명료함과 풍성한 소리를 끌어내기 위함이다. 표정이 어두우면 말소리가 무겁고 밝지 않으며 말소리가 입 밖으로 나오기보다 입안에서만 맴돌아 발음도 부정확하게 들린다. 하지만 입꼬리가 올라가면 광대뼈 주위를 포함한 얼굴 전체의 뼈와 근육 사이의 공간이 열리고 확장되어 소리통이 확보되고 울림이 좋아지는 것이다.

지금은 우리나라 성악가 중에도 우수한 테너들이 많지만, 예전엔 이탈리아인이 대부분이었다. 그것은 선천적인 언어 구조에서 나타나는데 이탈리아어는 말소리가 밖으로 내뱉는 구조이고 위로 뜨며 공명하는 어투가 많아서 말하듯 노래하면 그만이었던 것이다. 그에 반해서 우리 민족은 볼 굴대라는 점이 아래에 있어서 입꼬리가 처지는 편이었다. 서양인들이 볼 때 한국인이 화난 사람 같고 무표정하게 보인다고 한 이유도 표정의 문제였다. 그러나 이것저것 따질 것 없이 표정을 밝게 하면 소리의 볼륨이 커지는 것은 물론이고 다른 요인들도 저절로 따라오게 된다. 공기를 동반한 소리의 원활한 배출을 위해서는 목과 입술 그리고 안면 근육이 풀려 있어야 하는데 이 모든 것을 한번에 해결하는 것이 입꼬리를 올리고 표정을 밝게 하는 것이다. 특히 고음을 낼 때 발음을 명확하게 하며 목을 열어 주는 것과 광대뼈의 근육을 올리는 건 중요하다. 입안으로 먹듯이 발음이 되는 태국어 같은 언어 국가에서는 성악가를 좀처럼 찾기 힘들다. 입을 크게 벌리지 않아도 되고 소리가 앞으로 나오지 않기 때문에 표정의 변화도 많지 않게 되는 것이다. 말소리는 이처럼 구조적 언어와 표정이 결합되어 연결되어 있다.

밝은 표정은 언어와 구조 등 모든 것을 뛰어넘는다. 또한 표정이 밝으면 뇌의 전기 자극이 많아지고 생각이 밝아지며 언어 지능이 활성화되고, 말을 하는 구조적인 메커니즘에서도 지대한 영향을 미친다. 말을 잘하고 싶다면 명심하라. 표정이 밝으면 말소리가 밝고 발음이 더욱 풍성하고 또렷하게 들린다.

"웃으면 복이 온다."라는 말처럼 웃으면 나와 상대에게 좋은 영향을 끼친다. 밝은 표정은 이미지를 좋게 하며 인간관계까지 돈독하게 만들 뿐만 아니라 사족 같지만, 면접에서도 중요하다. 면접은 인상이 반이다. 면접을 볼 때 면접관도 사람이고, 일단 스펙으로만 사람을 뽑지 않는다는 걸 명심하라. 이제는 스펙이 아니라 스피치다. 자신감 있는 표정과 말이 성패의 관건이다. 스피치의 기본인 자신감 있는 말은 밝은 인상에서 출발하고, 그렇게 된다면 일단 50점은 따 놓은 것이다.

무표정으로 말하면 맥도 없고 힘도 없다.
표정이 굳어있는 채로 원고만 읽어 내려가거나 가르치듯 완고한 표정으로 내내 말하고 있다면 당신의 말은 아마도 상대에게 전달이 잘 안 되었을 것이다. 아니, 듣지 않는다는 표현이 더 정확하겠다. 웃지 않고 굳어 있는 얼굴은 죽은 얼굴이다. 얼굴만 죽을상이 아니라, 말도 죽고 청강자들도 돌아가실 지경이다.

스피치의 반은 임팩트 있는 표정이다. 왠지 끌리고 좋아 보이는 사람들은 표정이 풍부하고 밝다. 그 말 또한 표정의 변화와 함께 감성이 묻어 나오기에 풍성하고 힘이 느껴진다. 사람들은 거울을 보며 헤어스타일, 피부 톤, 옷은 단정한가 등을 체크하지만 인상이 죽을상이면 훤칠한 키도, 잘생긴 외모도, 명품 옷도 소용없다. 외모보다, 말보다 인상이다. 말이 안 되면 얼굴을 먼저 펴라. 표정이 반이다. 말하기 전에 표정을 체크하라.

몸과 마음은 연결되어 있으며 표정은 마음을 만들고 마음이 표정을 만든다. 부드러운 얼굴은 부드러운 마음에서 오는 것이기에 말이 안 되면 얼굴부터 펴서 일단 당신 자신을 받아들이게 하라. 일단 웃는 사람을 싫어하는 사람은 없으며 더불어 매력 있게 보이기까지 한다. 또한, 표정이 밝은 사람을 보면 기분이 좋고 표정이 밝으면 이로운 점이 한두 가지가 아니다.

그런데 사람들은 표정을 간과한다. 말소리를 분명하게 하고 상대에게 좋은 이미지로 남고 싶은가?

표정부터 화장하자!

어색해서 말을 꺼내기 힘들다면 일단 웃고 보자.

인간관계에 있어서 표정은 관계를 좋게 하기도 하지만 오해를 불러일으키기도 한다. 처음 대하는 사람과 대화를 시도하려 할 때 우리는 어떠한가.

사람들은 대부분 자신과 말을 섞어보지 않은 사람은 빨리 평가하고, 또 무표정하고 인사를 잘하지 않는 사람은 "예의가 없다."라느니

하면서 속이 상하지만 괜히 자신이 속이 좁은 사람으로 보일까 봐 말도 못 하고 자신의 자존심을 최대한 다치지 않으려 무시로 일관 해버리기 일쑤다. 하지만 인간관계로 이루어진 우리의 삶 속에서 이런 모습은 자신과 서로 조직을 위해서 결코 도움이 되지 않는다. 누군가가 나에게 말을 걸어오게 하거나 말을 먼저 건넨다는 건 사람에 따라서 많은 기술과 용기가 필요하다. 학교나 교회 같은 그나마 편하고 익숙한 공간에서는 어느 정도 통하지만, 경쟁이 치열한 직장이나 처음 가는 모임 같은 곳에서는 선뜻 말을 건넨다는 게 쉽지는 않다. 그럴 땐 이렇게 하라.

'가랑비에 속옷이 젖듯이, 나와 상대가 모두 기분 좋게 말 걸고 친해지기 법칙'을 정리하자면 이렇다.

첫 번째, 말을 걸고 싶은 사람이나 친해지고 싶은 사람에게는 누구를 막론하고 무조건 '웃으며 인사하기'다. 웃으면 먼저 나의 마음이 열리고 나를 보는 상대의 마음도 열린다. 웃는 사람을 싫어하는 사람은 없다. 웃는 표정으로 자신을 관리하자.

두 번째, 볼 때마다 '한 가지씩 칭찬하기'다.

칭찬하기의 방법은 처음엔 "옷이 잘 어울린다."도 좋고 "가방 예쁘다."도 좋지만, 그런 멘트는 처음 몇 번이면 족하고, 상대의 마음이 훈훈해지는 칭찬은 그 사람의 행동이나 성품에 관한 것이라면 더욱 좋다.

예를 들어, "내가 ○○ 씨를 보면 매사에 열심히 하시는 것 같아서

이제는 스펙이 아니라 스피치다

볼 때마다 도전정신이 생깁니다." 이게 어렵다면 그렇든지, 안 그렇든지 간에 가볍게 이렇게 말해 보자. "볼 때마다 느끼는 건데 매사에 참 차분하신 것 같아요." 이렇게 해서 상대가 "아니에요."라고 하고 거기서 대화가 끝나도 그 대화의 승자는 당신이다.

세 번째, '항상 밝음을 유지하도록 노력하라.'다.
밝은 표정은 밝은 마음으로 이어지며 스피치와 인간관계의 필수 조건이다.

네 번째, '상대가 관심 있어 하는 것이나 충분히 알 만한 내용을 질문하라.'다. 그런 다음에 꼭 고맙다고 눈을 보고 웃으며 말하라!
목표를 세우고 하루에 한 가지씩 실천하라!

말 잘하려면 이렇게 하라
—발음 편

스피치는 발성이 아니라 발음이다.

"무슨 말인지 못 알아듣겠어요."
"뒤끝이 흐려지고 어물어물해요."
"소리가 작아서 잘 안 들려요."

혀가 짧지도 않은데 발음이 부정확하다는 말을 들어본 적이 있는
가. 소리가 작거나 뒤끝이 흐려져서 상대방이 당신의 말을 듣기 힘
들어하거나, 당신이 그렇다는 것을 알고 난 후부터 말하기가 꺼려지
는가.

고민은 이제 그만. 아주 간단한 방법이 여기에 있다. 믿어라! 진리
는 단순하다.

말소리가 나오는 메커니즘은 배 속의 공기를 입 밖으로 뱉어내며 음
가를 내는 것이다. 흔히 소리가 작거나 발음이 정확하지 않은 사람들
은 발성이 잘 안 되어서 그런 것으로 생각하고 복식 호흡을 한다든가

소리를 크게 지르는 연습을 해야 하는 것이 아닌가 문의를 한다.

결론부터 말하자면, 발성이 아니라 발음이 먼저다. 한 걸음 더 나아가 발음보다 선행되어야 하는 것은 입 모양이다. 다시 말해서 입을 크게, 입 모양을 그 음가에 맞게 정확하게 발음하는 연습만 하면 소리가 작거나 뒤끝이 흐려지거나 부정확한 어물거리는 발음의 문제는 해결되는 것이다.

흔히 볼펜을 입에 물고 말하기 연습을 하는데 이것은 배 안의 공기를 힘 있게 배출하는 연습과 혀의 움직임을 최소화하면서 발음을 최대한 정확하게 연습하는 것이지만, 나는 크게 권하지 않는다. 다른 몇 가지 방법을 제시하겠다.

첫 번째, 거울을 보고 입을 크게 벌리는 연습을 해라.

입을 작게 벌리고 말해도 자신의 말은 잘 들리기 때문에 입을 크게 벌릴 이유를 감지하지 못하나, 입을 작게 벌리면 일단 공기의 양이 현저하게 적고 입 모양이 불분명해서 명확한 발음이 나오지 않아서 상대가 주의 깊게 듣지 않으면 당신의 말을 이해하는 데 힘들 것이다. 입을 크게 벌려라.

체구가 작거나 몸이 약하거나 입이 작아서 소리가 작은 것이 아니라 입을 크게 벌리지 않아서이다. 소리를 내려 하지 말고 크게 벌리는 것에 집중하라. 발레리나가 다리를 찢는 것과 같은 이치다. 연습 시에는 턱이 아플 정도로 반복하라. 평소에 쓰지 않던 근육을 쓰기에 처음엔 어색하나 며칠 후면 편해진다.

두 번째, 음가를 정확하게 발음하는 연습을 해라.

'가'라는 발음을 하려면 배 안에서 나오는 공기의 방향과 양을 미세한 혀의 움직임으로 조절하여 떡판의 틀처럼 만들어진 입 모양을 통과하여야 비로소 상대가 '가'라는 소리를 명확하게 내고 들을 수 있는 것이다.

음가를 내는 데 중요한 요소는 입 모양이다. 입을 크게 벌리지 않으면 제대로 된 음가의 입 모양을 만들기가 힘들다. 이때 포인트는 소리를 낼 때 입 밖으로 말소리가 나와야 한다는 것이다. 입 밖으로 당연히 소리가 나오지, 무슨 말인가 하겠지만 대부분의 사람은 '흉식 호흡', 다시 말해서 가슴으로 소리를 낸다. 속으로 말하는 것이다. '아' 소리를 길게 하면서 가슴에 손을 가져가 보라. 가슴이 울릴 것이다. 목과 가슴이 울리게 소리를 내면 자신과 가까운 사람에게는 들리나 소리가 멀리 가지 못하고 작게 들리며 발음도 부정확하게 들릴 뿐만 아니라 오래 말할수록 힘들고 목이 상한다.

실전 연습에 필요한 간단명료 팁을 드리자면 글자를 한 자씩 읽는 연습이 좋다. "당. 신. 을. 사. 랑. 합. 니. 다."처럼 한 글자씩 소리 나는 대로 읽는 것이 아니라 그 음가를 완전하게 소리 내어 읽는 것이다.

세 번째, 소리를 밖으로 빼내라.

방법을 더 자세하게 말하자면 거울을 보고 입을 벌리고 음가를 소리 내어 뱉어낼 때 정확한 자세는 당신의 입이 30㎝ 정도 앞에 있다고 생각하고 소리를 그 밖으로 밀어내는 것이다. 그러면 몸과 입이 앞으로 더 나오면서 더 힘차고 편하게 공기가 나오는 것을 느낄 것이다. 또 거울에 과녁을 그려놓고 가운데에 화살을 명중시키듯이 말소리를 과녁에 꽂는다고 생각하며 말한다. 그러면 자연스럽게 입이 커지고 입 모양은 음가를 더욱 명확하게 내려고 움직일 것이다.

이때 복식 호흡이니 배에서 소리가 나와야 한다느니 하는 주워들은 이야기는 잊어버려라. 자기도 잘 모르기 때문에 가르치는 것이 복잡한 것이다. 진리는 단순하며 파괴력이 있다.

네 번째, 첫음절에 강세를 주어라.

글을 읽는 연습을 할 때 첫음절을 강하게 발음하며 읽어라. 큰소리나 스타카토처럼 딱딱 끊어서 놀란 듯이 읽는 것이 아니라 첫음절을 지그시 누르며 강조하며 읽는 것이다. 여기서 말하는 첫음절은 띄어 읽기를 한다고 했을 때 첫 음을 말하는 것이다.

예를 들어, "나는/당신을/진정으로/사랑합니다."라는 글이 있을 때 첫음절은 '나', '당', '진', '사'이다. 첫음절을 강하게 발음하려면 예비 음이 따르게 마련이다. "평~화~ 평~화로다~"라는 찬양의 한 소절을 부른다고 치면 그냥 "평~화~ 평화로다~"가 아니라 "피~영화~ 피~영화로다~"처럼 발음해야 한다는 것이다. 예비 음은 발음을 더욱 명확하게 할 뿐만 아니라 말소리에 힘을 준다. 또한, 첫음절을 강하게 하면 뒤에 오는 음절의 음가는 그리 명확하게 하려고 하지 않아도 자연스럽게 발음된다. 신기하지 않은가. 성우나 성악가들은 딕션, 곧 발음을 생명처럼 여긴다. 음색이 아무리 좋아도 발음이 정확하게 전달되지 않으면 제대로 된 성악가가 아니다. 여담이지만, 이탈리아

가곡 등 외국곡을 연주할 때 발음이 정확하면 음이 올바르게 맞고 소리내기도 편하다. 물론 듣는 이는 말할 것도 없다.

발음이 명확하면 사람도 달라 보인다. 아무리 멀쩡해 보이는 사람도 말이 이상하면 매력이 사라진다. 자신의 의지를 분명하게 전달하기 위해서 발음은 생명이다. 발음이 분명해지면 말하기가 쉽다.

이제는 스펙이 아니라 스피치다

말 잘하려면 이렇게 하라
-호흡 편

발음의 반은 호흡 조절이다.

"숨이 차듯 말한다."
"말할 때 콧소리가 난다."
"말을 하다 보면 점점 빨라진다."
"처음엔 잘하다가도 뒤로 갈수록 흐려지고 힘들다."
"말을 하다가 소리가 점점 커진다는 말을 듣곤 한다."
"받침이 있는 발음이 정확하지 않고 혀 짧은 소리를 내게 된다."

발음을 정확하게 한다는 것은 여러 가지로 이롭다. 먼저 소리가
명확하게 들리고 음성이 볼륨감 있게 느껴지며 말하는 자신도 안정
감 있는 중저음으로 속도에 안정감이 있고 편안하게 말하게 된다.
또한, 목에 무리가 덜하며 말소리가 들뜨거나 목이 쉬는 것을 방지
한다.

발음만 정확하게 해도 말하는 기본은 이미 넘어서는 것이다. 그래서 나 역시 스피치 중에 스킬을 코칭하면서 가장 중점을 두는 부분이 발음과 호흡이다.

코칭을 받은 한 남성은 오래된 축농증 때문인지 숨을 헐떡거리는 것처럼 말한다.

첫 시간에 말하는 모습을 유심히 관찰해 본 결과, 몸 안에서 나오는 공기와 들어가는 공기의 충돌이 있었다. 다시 말하자면 나오는 말소리를 들어가는 공기가 잠시 막아서 공기 흐름의 역류 현상이 발생한 것이다.

그래서 말하기도 힘들고 상대방도 무슨 말인지 잘 알아들을 수 없는 경우가 종종 생기는 것이다. 또한, 숨을 헐떡거리듯이 말하기 때문에 듣는 이로 하여금 급하게 뛰어왔느냐는 오해를 종종 받는다. 비염이나 축농증 문제는 만성인 경우가 많다. 입을 벌리고 자는 사람에게 입 다물고 자라고 하면 힘들게 느낀다. 처음엔 다물고 자다가도 이내 입이 벌어진다. 입으로 숨 쉬는 것이 편하기 때문이다. 몸은 편한 쪽으로 발전하기 마련이다. 이런 상황에서 숨도 쉬고 말도 해야 할 때 충돌이 생긴다. 말은 습관이다. 이럴 경우 그 처방은 간단하다.

'띄어 읽기'다. 띄어 읽는 것만으로 숨을 쉴 때와 멈출 때를 알아 숨도 쉬고 말도 하는 순서를 찾는 습관을 몸에 익혀 주는 작업이다.

이제는 스펙이 아니라 스피치다

노래나 악기를 연주할 때 안정감 있는 호흡은 생명이다. 발성이 좋아도 호흡에 실패하면 완벽한 연주에 이를 수 없다. 이렇듯 호흡은 중요하며 스케일(악보)에 숨표(쉼표)가 있음으로 인해서 연주자는 연주하다 숨이 차서 헐떡거리지 않고 가장 최적의 몸 상태로 연주할 수 있고 듣는 이들은 같은 호흡으로 감동한다. 이처럼 띄어 읽기는 호흡을 가장 편한 상태로 조절하여 글을 읽으라는 장치인 것이다.

운동을 하다 보면 자연스럽게 근육이 잡히고, 나중에는 그 근육의 힘으로 더 좋은 경기를 펼치듯 '띄어 읽기'는 간단하면서도 가장 중요하고도 탁월한 처방이다.

말하는 데 어려움을 호소하는 대부분의 사람은 자존감이 낮은 상태다. 자신이 말하는 데 불편함을 느끼거나 상대방이 자신의 말을 잘 알아듣지 못한다는 눈치를 느낄 때 반복적으로 자존감은 낮아지고 말의 속도는 가속도가 붙는다. 빨리 끝내고 싶은 것이다. 말을 하는 것이 아니라 해버리는 것이다. 간단한 동화책을 잡고 띄어 읽기 연습을 해 보자. 처음에는 "학교에/다녀/오겠습니다."라는 글을 읽을 때 어절이 띄어져 있는 대로 모두 띄어 읽은 후 "학교에/다녀오겠습니다."처럼 자신의 숨 길이와 패턴에 따라서 읽어 보는 것이다.

천천히 한 자씩 띄어 읽기를 반복해서 연습하다 보면 숨 고르기의 패턴도 완화되고 말을 더욱 분명하게 할 수 있다. 이때 입을 크게 벌리고 연습하는 것은 기본 중의 기본이다. 문이 커야 사람이 많이 들락날락하지 않겠는가. 말을 급하게 하거나 점점 말이 빨라지고 뒤끝이 흐려지는 것도 이러한 처방으로 완화가 가능하다. 말이 빠라지고 높아지는 건 강의를 하거나 앞에서 말을 할 때 집중을 시키고자 하는데 자신의 의지대로 잘 안될 때 주로 나타나는 현상이다. 이런 경우에 호흡의 안정감이 떨어져서 흔히 목을 상하게 된다. 두세 사람이 말할 때도 나타나는 경우라면 호흡을 조절하여 천천히 띄어서 말하는 연습이 효과적이다.

말끝이 올라가고 콧소리가 나는 사람을 보면 남자들은 대개 애교 있는 소리라 하여 호감을 가질 수도 있으나 그렇게 말하는 여성에게는 엄청난 스트레스다. 그런 말투로 인해 뭇 남성들에게 오해를 불러일으키는 것이 싫다는 이유이다. 흔히 말끝이 올라가거나 내려오는 것은 호흡에 안정감이 없어서 뜬 소리가 되거나 가라앉는 경우이다.

한 문장을 이어갈 때 일정한 힘으로 말을 잡아 주면 말끝이 뜨거나 가라앉는 것을 방지할 수 있다. 말소리가 입으로 나와야 하는데 코로 소리가 나온다는 것은 숨의 길을 위로 올린다는 것이다.

이때는 첫 번째, 입꼬리를 올리고 배가 아닌 하체에 힘을 주며 말하라.

웃는 얼굴을 하면 그 행동만으로도 온 얼굴의 근육과 뼈가 열린다. 그래서 소리 공명이 잘되며 코 쪽으로 올라오던 소리는 입 쪽으로 향하고 적은 힘으로도 큰 효과를 기대할 수 있다.

이제는 스펙이 아니라 스피치다

두 번째, 뜬 소리가 난다면 말끝을 의식적으로 내려서 말하라.

무표정으로 감정을 빼고 말해 보아라. 맨 끝에 말을 흐리지 말고 "…다."라고 마침표까지 명확하게 말하라. 말은 호흡이다.

세 번째, 글자를 한자씩 끊어 읽는 연습을 해라.

예를 들어 "알/겠/습/니/다."를 읽을 때 소리 나는 대로 "알게씁니다."로 읽는 것이 아니라 "알겠습니다."라고 음가를 모두 살려서 읽는 것이다. 끊어 읽는 연습은 글자 한 자, 한 자의 음가를 그대로 가득 말하는 것이기 때문에 꾸준한 연습 후에 똑같은 문장을 읽게 되면 말끝이 올라가서 사라지는 것을 방지할 수 있다.

호흡 조절 실패의 결과 중 또 다른 하나는 받침이 있는 말을 할 때 뭉개지거나 혀 짧은 사람처럼 말하게 된다는 것이다.

이때는 첫 번째, 받침이 있어서 겹쳐지는 발음은 천천히 길게 소리 나는 대로 읽는다.

예를 들어 "길들여지지 않았거든."에서 '길들'에는 'ㄹ'이 두 번 연속으로 있어서 자칫 받침 두 개를 다 빼먹고 "기드여지지…"로 발음할 수도 있다. 이때는 천천히 길게 소리 나는 대로 "기~이~일~드~으~려~어…"처럼 발음 연습을 하다가 빠르게 진행하면 수월해진다. 두 시간 수업만으로도 결과를 본 사람도 있으니 믿고 따라 해 보시라.

두 번째, 뒤끝이 흐려지는 말투는 끝까지 한다.

흔히 앞부분은 잘 나가다가 끝에서 뱀 꼬리처럼 말소리가 사라지는 경우 또한 호흡의 문제이다.

나는 말했고 나에겐 잘 들리는데 상대가 못 알아들었다면 말한 사람이 끝까지 말을 안 한 것이다. 혹은 말했지만, 정확하게 호흡이 받쳐 주지 못한 것이다. 뒷심 부족이다.

"…습니다." 마침표까지 숨을 유지하며 달려가야지 말소리가 들린다. 위에서도 말했지만, 포인트는 "…다."를 명확하게 발음하려는 노력만으로도 충분하다.

숨 가쁘게 달려왔다. 발음 부분은 이만하면 기본 이상이다.

　　　　　　　　　　　　　이제는 스펙이 아니라 스피치다

말 잘하려면 이렇게 하라
─읽기 편

말을 잘하려면 리듬감 있게 소리 내어 읽어라.

"말 내용을 잘 전달하고 싶으면 어떻게 하지?"

"말할 때나 글을 읽을 때 왜 숨이 차지?"

"말할 때 왜 끝이 사라지고 작아지지?"

"말할 때 왜 잘 안 들린다고 하지?"

"말할 때 점점 급해지는 건 왜지?"

"말할 때 왜 음성이 떨리지?"

평생을 음악과 함께 살아와서 악보라면 한번 쓱 보기만 해도 어떻게 연주해야 하는지 한눈에 들어오는 지휘자나 성악가라도 처음 연주하는 악보를 받자마자 바로 연주하지는 않는다. 아니, 연주할 수도 없고 그래서도 안 된다. 잠시라도 악보를 찬찬히 읽어 내려가는 작업이 필요하다. 박자와 리듬은 어떤지, 작곡자가 강조하고자 하는 부분은 어디인지, 선율은 어떤지, 가사는 어떤 내용인지, 분위기는 어떤지, 또한 박자에 맞춰서 가사를 읽어 내려가 보는 작업이 필요하다. 물론 악보를 읽고 파악하는 것이 너무나 익숙하고 오랜 기간 숙련된 기술과 타고난 스캔 실력과 절대음감으로 바로 작곡자의 의도를 파악해서 연주할 수도 있을 것이다. 그런 사람을 우리는 천재 또는 대가라 부른다. 그러나 대부분은 그렇지 않다. 하물며 지휘자는 말할 것도 없이 더 파고 들어가고 쪼개며 봐야 한다. 경지에 오를수록 기본에 쏟는 시간이 길며 충실해야 한다. 악보를 보면 작곡자가 자신이 표현하고자 하는 의도대로 곡을 전개하려고 강조를 위해서 엇박자로 들어간다든지 하는 것처럼 악상 기호들로 체크해 둔 '표시'들이 있다. 작곡자의 '표시(의도)'를 무시하고 마음대로 연주하는 지휘자나 성악가는 없다. 일단은 그 '표시(의도)'를 잘 파악해야 그 곡을 완벽하게 소화했다고 할 수 있는 것이다. 그런 다음에 자신의 감성과 해석을 더하면 자신만의 관점으로 재해석된 멋진 작품이 새롭게 탄생하는 것이다. 악보를 파악하고 분석하는 것을 "악보를 읽는다.", "공부한다."라고 말한다. 잘 관찰해야 보이는 것이다. 이처럼 잘 해석하고 연주하기 위해서는 잘 관찰하며 읽어야 한다. 잘 관찰하고 잘 읽으면 연주는 빛을 발한다.

말하는 것 또한 다를 바 없다. 상대와 대화를 할 때도 상대의 의도를 파악하면 대화는 매끄러워지며 소통이 이루어지고 프레젠테이션을 할 때도 핵심을 잘 파악하여 전달한다면 지루하지 않고 명료한 전달이 될 것이다.

'의도 파악'과 '핵심 전달'은 말하기의 중심 맥이며 그 맥을 짚어갈

단서 중 하나가 '읽기'다. 처음 제시했던 질문들의 해결 방법 또한 '읽기'가 된다. '읽기를 바르게 하면 말하기는 한결 수월해진다.' 바르게 읽기만으로 제시한 문제들을 해결할 수 있다면 하지 않을 이유는 없지 않겠는가. 잘 읽다 보면 그 문장에서 의도하는 핵심 단어가 떠오르고 핵심 단어를 강조하며 읽게 되면 호소력 있는 연설이 된다. 그러면 차근차근 그 순서를 짚어가며 이야기해 보자.

"스피치, 즉 주장이나 대화에서의 말이란 자기 생각을 정리하여 상대가 밝히 알아들을 수 있도록 언어를 사용하여 효과적으로 전달하는 것이다."

예를 들어, 이러한 문장을 가지고 읽기 연습을 코칭하자면 순서는 이렇다.

첫 번째, 속으로 읽어가며 띄어 읽기 표시를 한다.
"스피치 / 즉 / 주장이나 / 대화에서의 / 말이란 / 자기 생각을 / 정리하여 / 상대가 / 밝히 / 알아들을 수 있도록 / 언어를 사용하여 / 효과적으로 / 전달 / 하는 것이다."

두 번째, 소리 내어 띄어 읽는다.

세 번째, 굵게 표시한 첫음절을 깊게 누르듯 악센트를 주며 읽는다. '스피치'의 경우 첫음절 '스'에 악센트를 주면 '피치'는 자연스럽게 나오게 되어 있으며 발음이 분명해지고 전달력이 생긴다.

"스피치 / 즉 / 주장이나 / 대화에서의 / 말이란 / 자기 생각을 / 정리하여 / 상대가 / 밝히 / 알아들을 수 있도록 / 언어를 사용하여 / 효과적으로 / 전달 / 하는 것이다."

띄어 읽기와 첫음절 악센트 연습이 익숙해지면 문장의 내용 파악을 한다.

네 번째, 문장에서 강조해야 하는 단어를 체크한다.

문맥의 흐름상 강조해야 하는 단어에 악센트를 주며 읽으면 리듬감도 있고 발음도 더욱 또렷해지고 호소력과 전달력이 배가 된다. 이때 주의해야 할 점은 중요 핵심 단어는 물론이고 강조어가 아랫글에서 '즉'이나 '말이란'처럼 문장의 흐름에서 전환이나 설명을 해야 하는 단어는 필히 강조해야 한다는 점이다.

"스피치, 즉 주장이나 대화에서의 말이란 자기 생각을 정리하여 상대가 밝히 알아들을 수 있도록 언어를 사용하여 효과적으로 전달하는 것이다."

강조 단어를 체크하기 위해서는 핵심 단어 파악과 문장을 요약하는 기술이 필요하다. 요약하면 강조 단어가 보인다.

다섯 번째, 자신만의 호흡으로 다시 띄어 읽기 체크를 한 뒤 순서를 반복한다.

"스피치 / 즉 / 주장이나 / 대화에서의 / 말이란 / 자기 생각을 / 정리하여 / 상대가 / 밝히 / 알아들을 수 있도록 / 언어를 사용하여 /

이제는 스펙이 아니라 스피치다

효과적으로 / 전달 / 하는 것이다."

　이처럼 읽는 연습이 되면 발음과 전달력이 좋아지고 끝이 사라지
지 않으며 숨이 차지 않고 말할 때 떨림이 덜해지고 음성도 풍부해
지며 연설문이라면 호소력까지 더해지는 효과가 있다.
　글로 표현하다 보니 부족한 부분이 있겠지만, 필자가 다년간 수많
은 사람에게 스피치 코칭을 하며 터득한 노하우의 핵심이다. 이대로
따라 하고 다른 문장으로도 연습한다면 분명히 효과가 있을 거라
확신한다.

말 잘하려면 이렇게 하라
─들리게 말하기

발음과 내용 중에서 무엇이 더 중요할까.

말을 할 때, 특히 여러 사람 앞에서 말할 때 발음과 내용 중에서 무엇이 더 중요할까. 결론은 발음이다. 내용이 아무리 좋고 재미있고 감동적이라 하더라도 무슨 말을 하는 것인지 알아들을 수가 없다면 이해할 수도 없으니 아무 소용이 없는 것이다. 짧은 내용을 전달하더라도 발음이 정확하면 집중하게 되고 내용에 대한 이해도나 설득력이 배가 된다. 이렇듯 발음의 중요성은 거듭 강조해도 과하지 않으며 특히 여러 사람 앞에서 말을 자주 하게 되는 사람이라면 발음을 명확하게 하기 위한 연습은 내용 전달에 앞서서 필수로 장착하도록 연습해야 한다. 여러 번 언급했지만, 발음을 정확하게 하기 위한 방법은 크게 네 가지가 있다.

첫 번째, 띄어 읽기.
띄어 읽기는 일정하게 호흡을 조절하며 읽도록 돕는 것이다. 앞에서 발표하거나 설교를 할 때도 띄어 읽기 표시와 강조점을 체크하고 연습하라. 듣는 이들의 눈이 떠지고 귀가 열리며 마음이 밝아질 것이다.

두 번째, 첫음절에 악센트.
첫음절에 악센트를 주면서 읽고 말함으로써 분명하게 발음하도록 돕는다.

세 번째, 강조 단어에 체크. 내용 중에서 강조하고자 하는 단어에 체크하고 읽게 되면 내용 전달이 쉽고 상대의 이해도도 높아진다.

네 번째, 끝까지 읽는다.
말을 시작했으면 끝까지 호흡을 조절하여 말하라. 끝이 흐려지면 앞에서 열심히 한 말까지 연기처럼 사라진다.

이러한 법칙을 실제적으로 연습하는 방법 세 가지를 소개하겠다.

첫 번째, 거울에 연습하고자 하는 문구를 붙여놓고 거울에 비친 자신의 입 모양에 집중하며 띄어 읽기와 첫음절에 악센트 주기 그리고 중요 단어 강조하며 읽기와 "… 다.", 즉 끝까지 읽는 것이다.
여기서 주의할 점은 입을 크게 벌리고 입 모양을 말하고자 하는 음가에 맞는 소리가 나도록 거울을 보며 연습하는 것이다.

두 번째, 거울에 과녁을 그리고 정가운데 지점에 화살을 꽂듯이 말을 꽂는다 생각하며 읽어라.

손가락을 말과 함께 꽂듯이 연습하면 더욱더 효과적이다.

세 번째, 호흡 조절과 더 풍성하고 명료한 소리를 위하여 기마 자세로 연습하는 것도 추천한다.

이는 성악 연습 시에 고음이 올라가지 않거나 호흡 조절이 잘 안될 때 응용하는 방식인데 자연스럽게 단전에 압력이 가해지며 호흡 조절에 도움이 된다.

프레젠테이션을 잘한다는 말을 듣는 사람들의 공통점은 두 가지다. 발음과 내용의 명료함이다.

흔히들 내용 정리에만 신경 쓰다가 망치는 경우가 있는데 먼저 발음을 정확하게 하려고만 해도 내용이 한눈에 들어오는 놀라운 경험을 하게 될 것이다. 내용을 정리하려 하지 말고 그 페이지에서 가장 중요한 단어 몇 개만 추려서 그것 위주로 설명하면 그만인 것이다. 다시 한번 말하지만, '발음'이 먼저다.

당신의 말을 과녁에 꽂아라.

이제는 스펙이 아니라 스피치다

말 잘하려면 이렇게 하라
-발성에 관한 오해 편

스피치는 발성이 아니고 발음이다.

'스피치' 하면 떠오르는 단어는 무엇인가.

발표, 발음, 호흡, 발성, 자신감 등일 것이다.

성악을 전공했고 기업체 강의를 10년 이상 하고 있고 스피치를 가르치고 있는 나에게 스피치에서 가장 중요한 것이 무엇이냐고 물어 온다면 나는 단연코 '생각 정리와 발음', 이 두 가지를 언급할 것이다. 스피치를 문의하시는 분들이 늘 말하는 호흡과 발성은 없다. 중요하지 않고 할 필요가 없다는 말이 아니라 핵심이 아니라는 것이다.

'자기 생각 정리와 발음'이 분명하다면 호흡과 발성과 설득력은 따라오는 것이다.

흔히 '스피치' 하면 "아. 에. 이. 오. 우."를 크게 말하고 입에 볼펜을 물고 연습하며 복식 호흡을 해서 큰소리로 웅변하듯 말하거나 아나운서처럼 말하는 것을 떠올릴 것이나 이 방식은 이제 안녕을 고해야 한다. 쉽고 분명하게 해결되는 방법이 있으니 말이다.

내 의견을 말하기 전에 소리가 작고 말에 힘이 없어서 고민인 분들에게 소리를 키우는 팁을 드리자면 소리를 크게 내려고 애쓰지 마시라고 말하고 싶다. 소리가 원래 작은 사람이 있다.

이런 사람이 소리를 크게 지르면 목만 상하고 더 좌절할 것이다. 몸이 약해서 힘이 없어 소리가 작거나 표정 변화가 크게 없고 목소리가 저음인 경우일 수도 있기 때문에 복식 호흡 등의 발성 연습을 따라 하기보다는 거울을 보고 표정을 밝게 하는 연습을 먼저 하고 입꼬리와 광대뼈가 위로 올라가도록 하고 말해 보라. 평소보다 말소리가 높고 경쾌한 소리가 날 것이다.

그래서 결론부터 말하자면 발성과 호흡은 정확한 발음 연습으로 해결된다.

발성에 대해서 문의하시는 분들이 복식 호흡이라며 깊게 숨을 코로 들이마시고 입으로 뱉으며 횡격막을 내리고 올리고 하는 것을 연습하면 소리가 커지고 말을 잘하리라고 생각하는데 물론 틀린 것은 아니지만 정답 또한 아니다. 성악이나 연극을 하는 사람들은 발성 연습을 한다. 그러나 그것은 몸에서 공기를 더 힘 있게 뱉어내어 소리가 크고 볼륨감 있게 나가게 하기 위해서이다.

스피치에서의 발성은 이것과 다르다.

이 글을 쓰는 나도 소리가 작거나 발음이 부정확한 사람들을 코칭할 때 볼펜을 물고 기마 자세로 앉아서 말하기 연습을 시켰던 때가 있었다. 그러나 그 효과는 미약했다. 시간이 흐르면서 답을 찾았다.

예전 웅변처럼 "이 연사, 큰소리로 외칩니다!" 같이 말하는 시대가 아니다. 정치인들이 전당 대회에서 당 대표 선출 연설을 할 때나 침 튀기며 할 법한 스피치를 원하는 것이 아니라면 발성은 발음으로 대체해야 한다.

나는 주일에 교회에서 찬양대 지휘를 한다.

찬양대 연습을 할 때는 특별하게 발성 연습을 하지 않는다. 다만 발음을 정확하게 하며 노래할 것을 강조한다. 스피치를 할 때나 노래할 때 정확한 발음은 호흡과 발성의 문제를 해결한다. 이러한 이유로 가사를 음미하고 곡의 흐름을 이해하고 음정 연습을 한 뒤 찬양대원들에게 가장 중요하게 주문하는 것은 '발음'이다. 발음이 정확하면 신기하게 음이 정확하게 맞아 들어간다. 이렇게 되면 발성은 의미를 상실하게 되나 곡은 분명하게 해석되어 풍성하게 전달될 것이다. 스피치는 자신이 하고자 하는 말에 대한 자기 생각과 신념 그리고 명확한 발음이면 충분하다.

말 잘하려면 이렇게 하라
-스피치 발성 편

스피치 발성은 공명이 있는 명확한 발음이다.

"말소리가 작아요."

"말할 때 숨이 차요."

"말이 점점 빨라져요."

"말소리가 어둡고 낮아요."

"말할 때 뒤로 갈수록 흐려져요."

"저의 상태가 이러하니 발성을 배워야 하지 않을까요, 발성하는 법을 가르쳐 주세요."

이렇게 코칭을 의뢰해 오는 분들에게 나는 발성이 아닌 '발음 훈련'을 코칭한다.

'발성'이라 하면 '호흡과 높은 소리 또는 큰 소리'를 떠올리고 배로 숨을 쉬어야 하지 않을까 하여 흔히 '복식 호흡'을 생각한다. 복식 호

이제는 스펙이 아니라 스피치다

흡은 맞으나 숨은 코와 입으로 쉰다. 노래할 때나 말할 때 호흡은 중요하고 복식 호흡을 통해서 노래나 말을 한다면 명쾌하고 풍성한 소리를 낼 수 있다.

먼저 '복식 호흡'을 간단하게 설명하자면 숨을 들이마셨을 때 부풀어 오른 폐로 인하여 명치와 갈빗대에 걸쳐있으며 폐와 심장 아래에 장기를 보호하는 '횡격막'이 아래로 내려간 상태를 유지하여 적절하게 공기가 후두를 지나 코와 입으로 호흡하는 법이라 하면 되겠다. 이렇게 복식 호흡으로 말과 노래를 하게 되면 공기의 압력을 높여서 후두의 성대 마찰을 예민하게 하고 몸의 자세와 입 모양을 정확하게 하면 명확한 발음과 풍성한 공명을 표현할 수 있게 된다.

이러한 이유로 노래와 스피치를 할 때 복식 호흡으로 호흡을 조절할 수 있다면 더할 나위가 없겠지만, 성악이나 노래를 하는 전공자나 직업 가수가 아니라면 복식 호흡 훈련보다 더 쉬우며 자연스럽게 복식 호흡을 유도하는 방법이 있다면 괜찮지 않겠는가.

그것이 바로 '발음 훈련'이다. 독일 가곡이나 이탈리아 가곡을 부를 때도 그렇고 한국 가곡도 마찬가지로 발음이 정확하지 않으면 음이 맞지 않는다. 발음만 명확하게 할 수 있다면 노래할 때 음도 정확하게 맞고 말소리도 풍성하고 공명하게 된다. 이 말은 정확한 발음은 복식 호흡을 가능하게 하며 복식 호흡은 명확한 발음의 토양이라는 말이다.

말소리가 나오는 경로는 다음과 같다. 숨을 들이마시고 저장되었던 공기가 후두를 통해 성대를 지나 나오며 입을 벌릴 때 확보된 입의 공간에서 혀의 미묘한 움직임과 음가에 해당하는 입 모양을 마지막으로 말이 성형되어 나온다. 이때 입 모양이 명확하지 않으면 입안의 공간이 좁아지거나 틀어져서 나오는 공기의 압력이나 양이 적절하지 않아 소리가 작아지거나 숨이 차게 되고 발음이 정확하게 나오지 않는 현상이 나타나게 된다.

그래서 입을 크게 벌려서 정확한 발음을 하는 훈련으로 호흡은 따라오는 것이다.

스피치 발성 훈련을 할 때의 자세를 말하자면 세 종류가 있다.

첫 번째는 흔히 알고 있는 성악 발성 자세다.

다리를 어깨너비로 벌리고 턱을 내리고 허리를 세우고 상체는 편안하게 하고 다리에 힘을 주어 꼿꼿하게 서서 엄지발가락을 바닥에 박는다는 느낌으로 힘을 준다. 그리고는 거울을 보고 적당한 문구를 정확한 발음으로 입을 크게 벌려 소리 내어 읽어 나간다.

두 번째는 기마 자세를 하며 거울을 보고 문장을 소리 내어 읽어 내려간다(이때 문장은 한 장의 종이에 써서 거울 아래에 붙여 놓는다. 글은 예를 들어 어린 왕자와 여우의 대화 글 같은 것이 좋다).

세 번째는 서서 글을 읽을 때 한 손의 손가락 하나를 지적하는 것

이제는 스펙이 아니라 스피치다

처럼 첫음절을 말할 때 거울을 향해 손가락을 향하는 것이다.

예를 들어, "어린 왕자가 말했습니다."라고 한다면 '어'와 '말'을 읽을 때 손가락을 거울로 향하여 총을 쏜다는 생각으로 거울을 쏘듯이 지적하면 되는 것이다.

이러한 훈련은 복식 호흡을 가능하게 하며 명확한 발음과 볼륨을 높이는 데 끼치는 영향이 지대하다.

말 잘하려면 이렇게 하라
—핵심 편

상대가 알아듣지 못한 말은 '하품'이다.

"도대체 무엇을 말하려고 하는지 모르겠어."
"내가 물어본 건 그게 아닌데, 딴소리를 해."
"그래서 말하려는 게 뭔데? 결론부터 말해."

당신이나 당신의 자녀가 이런 말을 가끔 듣는다면 머릿속에 하고자 하는 말은 있지만, 말의 순서 또는 어떻게 전달해야 할지 그 방법을 모르거나 상대방의 질문에 대한 의도나 핵심을 이해하지 못해서이다.

말하고자 하는 내용을 속도감 있게 사건의 순서대로 분배 및 배열하여 차근차근 말하기에 서투르거나 중요 단어나 어휘 파악에 취약한 문제는 여러 유형을 연습하다 보면 고득점의 언어 영역 점수를 확보할 수 있는 것처럼 점차 빠르게 나아질 수 있지만, 서론이 길고 본론으로 들어가는 데 한참 걸리고 이리저리 헤매며 장황하게 말하거나 질문에 답을 먼저 말하지 않고 주변을 한참 동안 서성이듯 설명하고 그렇게 생각한 이유를 늘어놓는 데 많은 시간을 할애하여 상대로 하여금 지루함을 유발시키는 것은 별개의 문제다.

스피치는 스킬이기 이전에 심리다.

이러한 유형의 사람들은 공감이나 감성 능력이 약한 데서 비롯되는 부분도 있고 그 이면을 들여다보면 결정 장애가 있거나 약하더라도 선택하는 데 어려움을 느끼고 설령 선택하더라도 자신이 선택한 것에 대해 자신이 없으며 일단 자신에 대한 신뢰감이 없고 무기력하다. 한 걸음 더 나아가 부모의 양육 태도가 급하거나 일관성이 없고 강압적일 때 이러한 유형의 사람이 만들어진다. 타고난 기질도 있겠으나 대부분 부모나 환경에 의해서 만들어진 것이다. 이런 유형은 대개 착하거나 배려심이 과하거나 자존감이 낮은 사람들이 대부분이며 이에 대한 특징은 흔히 상대방이 자신의 말을 이해하지 못한 것 같으면 자신이 설명을 잘못한 것이라 여기고 상대방의 눈치를 계속 살피며 이해가 된다는 표정이 비칠 때까지 더 자세하게 무한정 설명하려 든다. 심리를 제외한 스킬의 부분에 관하여 이러한 유형의 해답은 이렇다. 서론은 간단명료하게 말하고 빠르게 지나가라.

친한 사이이거나 상대방이 사람을 좋아하고 대화하는 것을 좋아한다면 그리 문제 될 것도 없지만, 대부분의 사람은 듣기보다 자신이 말하기를 좋아하며 당신의 이야기를 오랜 시간 들을 만한 성품과 인내심을 가진 이가 그리 흔하지 않다. 그래서 대부분 이런 말을 듣기 일쑤다.

"결론부터 말해 봐."
"도대체 말하려는 게 뭐야?"
"일단 질문한 것에 대한 답을 먼저 하고 말하든가."

서론이 길면 장황해지고 본론으로 들어가기 전에 서로가 지치고 몰입도가 떨어진다. 유머를 말할 때 서론이 길면 재미와 긴장도가 현저히 떨어져서 빵 하고 터지기는 만무한 바람 빠진 풍선이 되어 버리는 것과 같은 이치다. 홍부와 놀부 이야기를 한다고 할 때 "옛날옛날, 가난하지만 마음씨 착한 홍부와 부자인데 마음씨 고약한 놀부가 살았어요. 둘은 형제였는데 놀부가 형이고 홍부가 아우였답니다. 그러던 어느 날이었어요."라고 시작했다고 가정해 보자.

우리 모두가 아는 『홍부와 놀부』 이야기가 시작되는 서론 부분이다. 말하는 내용이 한 폭의 그림이라면 서론은 상대방에게 그림의 스케치와 구도를 정해서 밑그림을 그리게 하는 작업이다. 그러하기에 세심할 이유도, 자세할 이유도 없다. 서론은 빠르게 스케치하듯 지나가며 이후에 서서히 색을 입히고 그림을 그리듯이 말하라.

또 하나는 무슨 말을 하는지 도대체 알 수 없게 말하는 유형이다. 이 글을 읽는 것을 잠시 멈추고 당신의 집에서 직장이나 학교까지, 어디든지 그곳까지 가는 길을 누군가에게 설명한다 생각하고 말해 보아라. 펜과 종이를 이용하여 약도를 그려 가면서 설명해도 좋다.

이제는 스펙이 아니라 스피치다

"여기가 우리 집이고요, 나가서 쭉 가서 이쪽으로 쭉 가고 또 여기서 돌아서 쭉 가면 여기가 학교고 이렇게 오면 다 온 겁니다."라고 말한다면 듣는 사람이 이해가 될까. 시험을 잘 보려면 출제의 의도 파악과 문제의 이해도가 필수이듯이 대화를 잘하려면 상대방이 질문한 핵심을 파악하는 것이 먼저다. 당신이 누군가에게 집이 어디냐고 물어볼 때 상대방이 집 주소를 말한다면 그 집의 위치가 딱 떠오르는가. 내가 사는 지역을 잘 모르는 다른 지역 사람이 물어 온다면 일단은 넓은 데서 좁혀 가면서 "서울입니다. 천호동 근처 명일동입니다."라는 식으로 말하면 되고 상대방이 어느 정도 근처 지역을 알 것 같다면 "혹시 5호선 굽은다리역 아세요? 굽은다리역에 있는 홈플러스 아시죠?"처럼 랜드마크를 먼저 말하고 좁혀 들어가면 되는 것이다. 약도로 말할 때도 "약국에서 오른쪽으로 돌아서 빵집을 지나서~"처럼 말해야 상대방이 당신의 생각을 더듬어 따라가며 비로소 말을 알아듣게 되는 것이다.

마지막으로, 결론부터 말하라.

상대방이 질문을 했다면 그에 대한 답을 먼저 말하고 주변을 말하라. 그러면 비로소 대화가 이루어진다. 강의나 설교를 할 때도 주변에 너무 치우치게 되면 의미도 맥락도 온데간데없고 결론과 핵심 주제 또한 힘을 잃게 된다.

결론부터 말하는 스킬은 일단 논리적이고 명료하게 말하기의 거점을 마련하는 것이다. 장황하게 설명하면서 결론으로 향하는 것보다 이편이 한결 수월하다. 핫도그를 만들 때 소시지를 나무 막대에

꽂고 반죽을 묻히는 것과 같다. 나무 막대기에 반죽을 묻히는 것보다 소시지가 있으면 반죽이 더 쉽게 엉겨 붙듯이, 결론이란 하나의 눈 덩어리가 있으면 굴리면 굴릴수록 커지는 것과 같다.

결론부터 말하기 위해서는 상대의 질문에 대한 의도와 핵심을 발견하는 것이 우선이다.

만약에 "그때 어디 갔었어?"라고 물어보면 핵심 대답은 장소여야 하며 그때의 기분을 말하거나 가야만 했던 상황을 주저리주저리 말하면 안 된다.

일단 장소를 말하고 갔던 이유를 말하라.

그러면 "그때 왜 어디 갔었어?"에서 핵심은 무엇인가. 그렇다. '왜'이다. 이때는 이유를 말해야 한다. 그렇다면 "그때 왜 나만 놔두고 어디 갔었어?"라는 질문자의 의도와 핵심은 무엇인가.

이때는 감정을 말하고 싶은 것이다. 어디를 갔는지, 왜 갔는지 그 이유가 중요한 게 아니고 '왜 나만 놔두고…'가 중요한 거다. 이때 당신 대답의 처음은 "미안해…"로 시작해야 맞는 것이다. 감성과 공감 능력이야말로 스피치의 핵심이며 이것이 의도를 파악하여 상대와 대화하는 법이다.

이제는 스펙이 아니라 스피치다

말 잘하려면 이렇게 하라
—이해 편

말이 머릿속에 그려졌을 때 비로소 이해되는 것이다.

말을 하면서도 도대체 자기가 무슨 이야기를 하고 있는지 자신도 모르겠거나 "도대체 네가 하려는 말이 뭐야?", "무슨 말을 하는 거야?"라는 말을 상대에게서 종종 듣는다면, 당신은 생각할 것이다. '나는 말주변이 없어서 이러는 거야.', '내가 말할 때 서론-본론-결론 순서로 논리적으로 말을 잘하지 못해서야.' 이처럼 자신이 말을 잘하지 못한다고 생각하는 데는 이 두 가지 이외에도 개인마다 여러 가지 이유가 있을 것이지만, 말을 잘하는 데 기본이 되면서도 그중에 가장 핵심은 자신 그것을 제대로 이해하지 못했다는 데 있다. 자신이 제대로 이해하지 못하면 어디서부터 말해야 하는지, 어디가 핵심인지, 무엇을 말해야 하는지도 모른다.

생각해 보라. 자신도 이해되지 못한 내용을 어떻게 조리 있게 말할 수 있겠는가 말이다.

수학 문제를 대할 때 공식과 원리를 온전히 이해한 학생은 난이도에 따라 다르겠지만 어떤 문제든지 자신 있게 풀 수 있을 뿐만 아니라 다른 사람에게도 정확하게 가르쳐 줄 수도 있듯이 말하는 데 있어서 하려고 하는 말의 내용이나 상황을 자신이 온전히 이해하고 말하는 것과 그렇지 못한 것은 극과 극, 천지 차이다.

　말주변이 없다고 생각하는 사람은 자신이 부끄러움을 많이 타거나 어휘력이 미천해서 언변이 약하다고 생각하겠지만, 이것은 자신이 하려고 하는 말을 온전히 이해하지 못했거나, 자존감이 낮거나, 확신이 약하고 그로 인해 다른 이의 시선을 의식해서 말을 제대로 하지 못하는 것이며, 논리적으로 제대로 말을 하지 못하는 것 또한 자신이 하려는 말에 대한 이해가 약하고 서론 부분이나 주변 이야기를 너무 장황하게 설명하다가 길을 잃어버린 게 그 이유이다. 다시 말하고 또 말하지만, 한 말 또 하고 한 말 또 하는 것은 중요한 것을 강조하려는 말하는 태도가 아니라 횡설수설이며 뜬구름 잡는 행태고 듣는 이로 하여금 깊은 피로감에 젖게 만든다. 말은 간결하고 명료해야 하며 이것은 명확한 '이해'에서 기인한다.

　자신이 말하고자 하는 내용을 온전히 이해하는 것이 선행되었다는 조건으로 그다음 단계는 설명하고 묘사하며 말하는 것이며 이때 하는 말은 상대의 머릿속에 내 머리에 있는 내용의 그림을 그대로 옮겨 놓는 것처럼 그림 그리듯이 말해야 한다. 사람은 상대의 말을 텍스트로만 받아들이는 것이 아니라 이성과 감성을 동원하여 자신이 익히 알고 있는 정보와 경험한 것에 입각해서 이해한다.

예를 들어, 당신이 한 번도 보지 못한 것을 보고 경험한 상대가 당신에게 설명한다면 그 상대는 최대한 당신이 알아들을 수 있도록 당신이 알 법하고 경험했을 법한 수준의 범위에서 말할 것이며 예를 들거나 자신이 본 것을 설명과 묘사로 그림 그리듯이 말할 것이다. 이유는 이해시키기 위해서이다. 예를 들었건, 설명을 잘했건 사람은 자신의 지식과 경험의 범위 외에는 이해하지 못하기에 당신이 하는 말의 내용이 상대의 머릿속에서 그림으로 그려져 완성되었을 때에야 비로소 이해되었다고 하는 것이다.

짧은 그림 동화책을 읽고 상대에게 줄거리를 말해보는 연습이나 자신의 집 위치나 특정한 상황을 지정해서 설명하는 연습도 좋다.

말을 잘하고 못하고는 명확한 발음과 리듬감 있는 어투 그리고 이해도와 주제의 일관성이다.

자신도 자신이 무슨 말을 하는지 알지 못할 정도로 난감하다면 먼저 이해하라. 자신이 이해되지 않았다면 설명하기보다 질문하라. 질문을 잘하는 것만으로도 말문이 트이고 관계도 좋아진다. '그림 그리듯'이라는 말이 이해되지 않는다면 지금 창문 밖의 풍경을 거실에 있는 사람에게 설명해 보아라. 여기서 주의해야 할 포인트는 그림에는 사실만 있는 것이 아니라 작가의 감성, 즉 느낌이 포함되어 있다는 사실을 명심하라.

"하늘은 파랗고 나무가 있고 차들이 지나다니고 사람들이 걸어가고 있어."라고 말하는 것은 사실이지만 "하늘이 구름 한 점 없이 파랗고 나무는 잎이 바람에 흔들거리고 사람들은 제법 쌀쌀한지 주머니에 손을 넣고 바쁘게 지나가고 차가 거리에 가득하네."라고 말한다면 자신이 바라보고 느끼는 감성이 포함된 것이다. 이것이 그림 그리듯이 말하는 것이다.

이제는 스펙이 아니라 스피치다

말 잘하려면 이렇게 하라
-논리 편

논설문은 곧 설명문이다.

누군가에게 당신이 정성 들여 열심히 분명하게 말했는데 "도대체 무슨 말을 하는 건지 모르겠어요.", "그거 아까 말씀하셨는데요."라는 말을 듣게 된다면 어떤 생각이 들까? 아마도 자존감이 낮은 백에 아홉은 '내가 말을 잘 못 하나?', '도대체 정리를 못 하겠어.'부터 시작해서 자책 모드에 들어간다. 말을 못 한다거나 논리적이지 못한다거나 하는 분들이 스피치 코칭을 의뢰하면서 꼭 말하는 것이 있다.

"제가 책을 많이 안 읽어서 그런지 단어나 어휘가 달려요. 무슨 말을 해야 할지는 알긴 알겠고 생각은 떠오르는데, 도대체 어떻게 말해야 할지 몰라서 횡설수설하다가 끝나는 거 같아요."
우선 안심해도 될 것은 단어를 몰라서 말을 못 하는 것이 아니다. 전문 용어가 아닌 이상 웬만한 성인은 자신의 의사를 전달하는 데 필요한 어휘력은 충분하고 넘친다. 이런 타입의 분들은 대개 '착하다.' 그래서 말할 때 정리하는 것에 목적을 두기보다는 상대방의 감정선과 눈짓, 몸짓에 더 신경을 많이 쓴다. 논리적으로 말하는 것이 이런 타입의 분들에게는 정이 없게 느껴진다. 그러다 보니 더 자세히 설명해야 할 것 같고 상대가 이해를 못 한 것 같으면 불편하다. 그래서 또 말하게 된다. 그러면 논리와는 멀어진다. 착하다는 표현이 모호하고 논리적이지는 않지만, "착하다."라고 말한 데는 두 가지 이유가 있다.

첫 번째, 상대를 너무 배려하여 비슷한 말을 여러 번 한다.

일단 자기 자신부터 정리가 안 되기 때문에 못 알아들을까 봐 계속 말한다. 상대가 듣기에는 한 말 또 하고, 한 말 또 하고 핵심 주위의 말들만 늘어놓는다고 생각한다.

두 번째, 한 문장에 두 가지 이상의 상황이나 핵심 단어를 넣는다.

이런 식의 스피치는 말하는 자신은 물론이고 상대까지도 어느 부분에 방점을 찍어야 하는지 헷갈리게 만든다. 이러한 이유는 더 자세하게 내 느낌이나 상황을 잘 전달하려는 의도가 있으나 듣는 사람이 이해하려고 하면 또 다른 단어나 상황이 들어오기 때문에 해석에 난항을 겪는 것이다. 예를 들어, 밤낚시를 좋아하는 사람에게 이유를 물었을 때 이렇게 말했다고 하자.

"밤낚시가 좋은 이유는 낮에 낚시하는 것보다 대어를 낚는 게 좋기 때문이다." 성인이 말했다고 하기에는 어법이 어설프다. 일단 내용만 보자. 괜찮은가? 어느 곳을 빼거나 넣을 말은 없는가?

이제는 스펙이 아니라 스피치다

이 문장에서 핵심 단어, 즉 전달하고자 하는 말은 무엇인가? 그렇다. '대어를 낚는 것'이다. 그렇다면 이렇게 말하면 깔끔하다. "내가 밤낚시를 좋아하는 이유는 대어를 낚을 확률이 높기 때문이다." 낮에 낚시하는 것보다 밤낚시가 좋다는 말을 굳이 하고 싶어도 꾹 참고 한 문장에 하나의 이유만을 넣고 말해 본다. 그러면 간단해지고 분명해진다.

그다음에 "내가 밤낚시를 좋아하는 이유는 고요함이 좋아서…"라고 하거나 다른 이유를 넣어본다.

그런 다음 "내가 밤낚시를 좋아하는 이유는 밤의 고요함 때문이고 특히 대어를 낚을 확률이 높기 때문이다."처럼 '특히'나 '그리고' 등의 잇는 말을 넣어서 두 가지 이유를 이어서 말하는 것이다.

논리적으로 말하기의 핵심은 명료함이다. 느낌이 오는가? 명료함은 여러 말을 하는 것보다 한 단어, 한 문장으로 끝날 때 빛을 발한다.

명언이 명언인 이유는 하고자 하는 말을 함축적인 대표 단어와 어휘를 이용하여 짧지만 분명하게 전달하기 때문이다. 설명문을 읽은 것처럼 이해되는 것, 이것이 논리다.

말하기 전에 전달하고자 하는 핵심 단어는 무엇인가를 먼저 생각한다. 하나 더 예를 들어 보고자 한다.

"내가 버스를 좋아하는 이유는 저렴하고 멀리까지 편하게 가고 내가 원하는 곳까지 또 차창 밖의 풍경을 보면 여유로워서…"라는 말이 있다. "버스가 좋은 이유를 말해 주세요."라고 말했더니 실제로 돌아온 답변이다. 하고 싶은 말도, 이유도 많지만, 본인도 어디에서 끝낼지를 모를 정도로 단어를 퍼트려 놓았다. 말들이 흩어져서 길을 잃어 어디가 핵심인지를 본인도 모르는 것이다. 위에서처럼 순서

대로 한 단어씩 정리해 보자면 이렇다.

"내가 버스를 좋아하는 이유를 열거하자면, 첫째, 저렴하다. 둘째, 멀리까지 간다. 셋째, 편하다. 넷째, 원하는 곳까지 간다. 다섯째, 차창 밖의 풍경을 감상할 수 있다. 여섯째, 여유롭다."

무려 여섯 가지 이유를 늘어놓았다. 여기서 팁 하나. 여섯 가지나 이유가 들어가서 핵심이 없거나 논리적이지 않거나 명료하지 않은 것이 아니다.

논리적인 말하기의 기준은 상대가 얼마나 이해했느냐인데 말하는 법이 명료함을 상실해서 이해불가인 상황인 것이다. 정리가 안 되면 상황이나 사건 단어별로 끊어 주고 주어만 적절하게 활용해도 말이 매끄러워지며 정돈된 느낌이 든다. 다시 말하면 이렇다.

"내가 버스를 좋아하는 이유는 저렴한 비용으로 원하는 곳까지 먼 곳이든 어디든지 편하게 가는 것과 여유롭게 차창 밖의 풍경을 감상할 수 있어서이다."

말하고자 하는 것을 모두 포함했음에도 불구하고 매끄럽지 않은가. 이어주는 말 하나가 문장을 살린다. 또 하나, 논리적으로 명료하게 말하고 싶다면 마침표를 찍어라. 언제나 부연 설명하려는 욕구가 말의 참사를 부른다. 일단 말하고 질문을 기다려라.

아니면 접속사 등을 이용해서 두세 가지 이유의 말을 마치고 마침표를 찍어라.

이것이 논리적으로 말하기의 기본 중의 기본이다.

말 잘하려면 이렇게 하라
−부연 설명 편

말할 때 말이 꼬이고 장황해지며 횡설수설한다면…

일단 자신이 말을 잘 못한다고 생각하는 분들의 유형은 자기 생각 정리나 이해가 부족하거나 잘 안 되어 질문에 대한 답 자체를 힘들어하는 경우와 나머지 대부분은 서론이 길어 장황해지거나 부연 설명으로 횡설수설하는 나머지 어디서 어떻게 끝맺어야 할지 모르는 경우다. 자기 생각 정리는 "웃음은 에너지다."처럼 자신만의 생각을 정리해서 말하는 연습, 즉 전체를 아우를 수는 없지만 '정의하기' 같은 스킬로 일단 해결의 실마리를 찾을 수 있다. 그러나 서론이 길어져서 장황해지는 경우나 부연 설명의 맥락이 보이질 않아 횡설수설하며 끝맺음에 힘들어하는 경우는 다분히 심리적인 요인이 크다.

상대를 이해시키려는 마음이 그것이다. 그래서 내가 지금 생각하고 말하려는 것과 같은 상태로 상대의 이해도를 확장하려는, 한 마디로 배려가 넘치고 과욕이 불러오는 말하기 영역의 참사다. 특히 대화에 있어서는 한 번 말하기로 모든 것을 이해시킬 수 없고 그럴 필요도 없다. 서로 질문하고 답하며 이것저것 말이 오가는 상황에서 이해하기도 하며 넘어가기도 하는 것이다. 이러한 경우는 상황을 설명하거나 어떤 이야기를 시작하는 단계인 서론에서 먼저 많이 나타난다. 앞이 너무 장황하면 상대는 지루해하거나 딴생각을 하고 성질이 급한 사람이라면 "본론으로 들어가, 얼른!", "무슨 얘기를 하려는 거야?", "결론부터 말해."라는 말로 당신을 더 당황하게 만든다. 서론은 짧게 하라. 유머를 말할 때도 처음에는 생뚱맞고 짧게 치고 들어가는 것이 묘미다.

서론이 길어지거나 부연 설명이 길어지는 유형의 사람들은 대개 착하다.

배려심이 너무 넘쳐서 말하고 대화하는 데서조차 상대를 극진히 배려하는 것이다. 그러나 명심하라. 당신을 먼저 사랑하는 말하기를 하라. 모든 것을 이해시킬 필요는 없다. 무심하게⋯ 상대가 이해하든 말든 말을 던지라는 것이 아니라 의문이 생기면 상대가 물어 올 것이니 너무 걱정하지 말고 말하라. 그때 설명하고 답해 주며 말을 이어가면 그만이다.

또 하나, 부연 설명의 횡설수설이다. 부연 설명이 길어지는 경우는 자신이 방금 한 말에 대한 확신이 없을 때 더욱더 그러하다. 부연 설명이 길어지면 어느 시점에서부터 횡설수설하게 되면서 자신이 제어하지 못하는 상황까지 치닫게 되면 정말이지 식은땀이 주르륵 난다. 이유는 서론이 상황해지는 경우와 마찬가지지만, 조금 다르다. 서론은 이해시키려는 마음이나 상황에 대한 나와 같은 그림이 그려지는 상태로 만들려는 것에서 비롯된 장황함이라면 부연 설명이 길어져서 횡설수설하는 경우는 '내 말을 이해했나? 눈빛이나 표정을 보니 이해하지 못한 것 같은데, 더 말해야 하나?' 대개 이러한 이유다. 자기 생각이나 말하기에 대한 믿음의 결여. 나아가 총체적인 자신에 대한 불확실 등 자존감이 낮고 자신감이 부족해서 나오는 현상이다. 예를 들어, "이러한 이유로 저는 이렇게 생각합니다."라고 말하고 끝내면 되는 것을, 그 이유에 대해 계속 또 다른 이유를 대며 끝내지 못한다. 계속 눈치를 보며….

아마도 우리는 "글쓴이의 숨은 의도가 무엇인지 파악하라."라는 언어 영역 국어 시험 문제에 길들여져 있어서 너무도 자연스럽게 상대방의 의도를 찾아서 나를 맞추려는 시도를 하고 있는지도 모르겠다. 그러나 자존감이 높거나 자기 생각에 확신이 있다면 서론이 길어져서 장황해지거나 부연 설명으로 횡설수설하지는 않을 것이다. 상대의 반응에 일희일비할 필요는 없다. 이쯤 해서 충격적인 진실 하나. 사실 상대는 당신의 말에 그리 관심이 없다. 당신이 말하는 사이에 집에 두고 온 먹을 것을 생각하고 있을지도 모른다. 내가 너무 직설적이고 냉소적인가.

그러나 사실이다. 사람은 오직 자신에게만 관심이 있다. 두려워하지 마라. 걱정하지 말고 말은 짧고 명료하게 하고 상대를 이해시키려고 눈치 보며 장황하게 횡설수설하는 것을 멈추어라. 할 말이 없거나 다했으면 멈추고 기다려라.

이해시키려고 조급해하지도, 이해하지 못했을까 봐 걱정하지도 마라.

당신이 진실하게 말했으면 그만이다.

모든 것에 진실하며 자신을 신뢰하면 다른 사람도 당신을 신뢰할 것이다. 그러면 당신이 말하는 것은 해가 뜨고 지듯이 너무나 당연하고 자연스러울 것이다.

이제는 스펙이 아니라 스피치다

말 잘하려면 이렇게 하라
-발표 불안 1편

알아차리고 정리하고 이해하고 분명하게 말하라.

도대체 왜 떨리는 것일까.

두세 사람과 대화를 나눌 때는 아무렇지도 않은데, 왜 여러 사람 앞에서 혼자 말해야 할 때는 머리가 하얗게 되거나 떨리는 증상이 나타나는가.

여러 가지 이유가 있겠으나 발표 불안의 원인은 크게 심리적인 요인과 명료하지 않게 말하는 습관 그리고 발음의 부정확 등에서 그 요인을 발견할 수 있다. 내가 진행하는 스피치 코칭은 총 6회로 진행되며 대부분은 6회 안에 불안이 해소되거나 불안의 정도가 대폭 경미해짐을 경험한다. 발표 불안 해소의 방법은 대략 이러하다.

먼저 어떤 상황에서 떨리는지, 당시의 상태를 말한 후 심리적 원인을 찾아 나선다. 혹시 전에 남 앞에서 말할 때 놀림을 받았거나 자존심이 크게 상할 만큼 윗사람에게 혼났던 경험이 있었는지, 또는 스스로 선택을 잘 못하고 감정 표현이 약하며 욱하는 성질이 있는지, 거절을 잘 못하는지 등을 물어보거나 스스로 말하도록 대화를 이끈다. 심리적 요인을 발견하면 일단은 그 심리적 상태를 알아차리고 인정하도록 한 후 말하는 습관을 점검한다.

대개 여러 사람 앞에서 말할 때 떨린다는 사람들은 자신이 떨고 있다는 것을 팔다리 손, 목소리, 눈꺼풀 할 것 없이 온몸으로 느끼고 반응하며 대부분 부정적인 생각들이 많고 무표정이거나 고개를 갸우뚱거린다거나 딴짓을 하는 청중들의 부정적인 반응에 유난히 민감하다. 이를 자신이 잘못하고 있기 때문이라는 오류로 해석하며 그 떨림이 증폭된다. 사실 사람들은 당신에게 군이 부정적인 피드백을 주면서까지 당신에게 영향을 줄 정도로 관심을 기울이며 듣고 있지 않다는 것을 명심하라. 즉, 당신의 말을 듣는 사람들의 몸짓과 표정을 오해하지 말고 그나마 당신을 보고 긍정적인 제스처를 취하고 있는 사람을 보며 말하라. 감정의 오류는 상황의 오해를 일으키며 그 상황을 모면하고자 말이 빨라지거나 숨이 가빠지고 뒤끝이 흐려지는 등의 오류가 발생한다.

심리적인 경우는 이 정도로 정리하고 다음은 스킬 부분이다. 스킬은 크게 두 가지가 있다.

첫 번째는 '이해하기'이다.

흔히 정치인과 목사들이 말을 잘한다고 하는데 그 이유는 무엇일

이제는 스펙이 아니라 스피치다

까. 그들은 자신의 말에 확신이 있으며 최소한 자신은 그렇게 믿고, 다른 사람들이 자신의 말을 듣고 변화되게 하기 위하여 심혈을 기울여 말한다. 그렇게 하기 위해서 자신이 확신을 가지고 충분한 이해를 거친다면 그 말은 곧 자신이 되어서 이야기하듯이 풀어서도 말할 수 있고 때로는 한 문장으로 간략하게 말할 수도 있는 것이다.

이것은 어휘나 단어를 많이 알아서도 아니고 자신이 말하고자 하는 내용을 온전히 이해했을 때 가능하다. 프레젠테이션을 할 때 하고자 하는 말을 화면에 가득 써 놓고 줄줄 읽어 내려가는 프레젠테이션은 최악이다. 심하게 말하자면 하지 않는 편이 낫다. 듣는 사람들도 출력된 용지를 가지고 있다. 화면에 그 내용이 그대로 보이고 발표자는 고개를 처박고 읽거나 화면을 보고 읽어 내려간다면 그것이 무슨 프레젠테이션인가.

PPT(파워포인트)에는 최소한의 키워드만 적고 그것을 풀어서 말할 수 있어야 한다. 그렇게 되기 위해서는 온전히 자신이 발표하고자 하는 내용을 이해해야 한다. 이해하고 또 이해하라. 이해가 안 되면 말하지 마라. 자신이 이해가 되면 설득은 시간문제다. 그러면서 떨림이 경감된다. 몰라서가 아니라 자신감과 확신의 부재인 것이다.

두 번째는 '정확한 발음'이다.

발음과 호흡 편에서 이미 언급했지만, 그 방법을 간략하게 설명하겠다.

자신의 발표 내용이 온전히 이해되지 않아 어려움이 있다면 하고

자 하는 내용을 일단 써라.

그리고 읽어라. 읽되, 띄어 읽고 강조할 단어를 체크하라. 분명하고 설득력 있게 말하는 사람들의 특징은 목소리가 좋거나 수려하게 말을 잘해서라기보다는 '명확한 발음'이 상대의 귀에 전해져 온전히 이해되도록 말한다. 발음만 분명하게 해도 떨림은 최소화되며 문장의 시작과 끝이 완성된 문장일 때 그 효과는 배가 된다.

먼저 너무 길지 않게 호흡에 맞춰서 띄어 읽고, 늘 체크하고 강조할 단어들을 표시하라.

예를 들어, "그는 / 그 / 말을 / 듣지 / 않았다." 이렇게 띄어 읽을 표시를 하고 각각의 첫음절인 '그', '그', '말', '듣', '않'을 강조하며 읽어라. 그리고 이 문장에서 강조해야 할 말인 '듣지'를 더욱 강조하며 읽어라.

상대방은 당신의 말이 신기하리만치 분명하게 들린다고 말할 것이다. 또한, 중요한 것은 "…않았다."까지 동일한 호흡으로 볼륨을 조절해야 한다는 것이다.

그렇게 하지 않으면 뒤끝이 흐려지며 정확하게 전달되지 않기 때문에 당신의 말을 듣는 사람이 딴짓을 하거나 눈꼬리가 올라가는 등의 표정이나 몸짓을 보이게 될 것이고 당신은 이를 통해 또 낙심하며 자책하게 될 것이다.

이 글을 읽는 당신이 40대 이후의 나이라면 '용각산' 광고에서 카피를 읽는 성우의 음성이 생각날 것이다.

이제는 스펙이 아니라 스피치다

"용각산은 소리가 나지 않습니다." 음성 지원이 되는 듯하지 않은가. 이것을 읽을 때 어떻게 읽는지를 알면 이해가 빠를 것이다.

"용각산은 / 소리가 나지 / 않습니다."

'용', '소', '않'을 강조하며 읽고 '소리가 나지'를 강조한다. 이해가 되는가.

악순환의 고리에서 탈피하기 위해서는 발음을 정확하게 말하는 연습을 해라. 떨지 않고 여유까지 넘치는 당신을 발견하게 될 것이다.

프레젠테이션할 자료가 있다면 다음과 같이 해 보아라.

1. 하고자 하는 말을 모조리 쓴다.
2. 띄어 읽기와 강조 단어를 표시한 후 읽어라.
3. 읽고 또 읽으며 외우지 말고 이해하라.
4. 키워드만 적어놓고 풀어서 말해라.

말 잘하려면 이렇게 하라
-발표 불안 2 편

이해가 되면 내 것이 되고 불안이 사라진다.

"예상 질문에 대한 답을 충분히 외웠는데도 떨려요."
"순간 머리가 하얗게 되서 아무 생각도 안 나요."
"제대로 답변하지 못할까 봐 두려워요."

발표란 대개 이미 정해진 것을 다수의 사람 앞에서 말하는 행위이다. 이때 자신을 바라보는 사람들의 시선 때문에 떨리는 것도 있지만, 자신이 말하고자 하는 내용을 완벽하게 숙지하지 못했을 때도 제대로 말을 못 할까 봐 떨리기 마련이다.

그중에서도 일방적으로 자신이 주도하여 나가는 프레젠테이션이 아닌 질문에 대한 답을 하면서 말하는 면접 형식의 프레젠테이션은 발표자를 더욱 긴장하게 만든다. 이때 발표자가 불안해하는 대표적인 이유는 '제대로 답변하지 못하면 어떡하지?', '외웠던 것이 생각나지 않으면 어떡하지?', '다른 질문을 하면 뭐라고 말하지?' 등의 걱정

이제는 스펙이 아니라 스피치다

들이다. 성악가라 하더라도 제대로 연습하지 않고 무대에 오르면 평소에 제대로 되던 호흡이 달린다거나 음정이 떨어지게 되는 실수를 범할 수 있다. 가사가 생각나지 않을까 봐 걱정하는 마음 또는 '내가 제대로 부를 수 있을까?', '고음이 제대로 나올까?' 하며 불안해하는 마음이 몸과 마음에 전달되어 아무리 전에 많이 불렀던 곡일지라도 이러한 현상을 경험하게 된다.

성악가라면 직업인으로서 다음부터는 평소에 꾸준한 자기관리와 연습으로 기량을 다져 가면 되지만, 발표하는 것이 직업이 아닌 일반인의 경우에는 늘상 일어나는 일이 아니기에 불안하고 떨리기는 당연한 것일지도 모른다. 그럼에도 발표가 너무 힘들어서 손과 몸에 식은땀이 나고 머리가 하얗게 되는 등의 불안이 빈번하게 발생하여 어려움을 겪는다면 전문가의 도움을 받아야 한다.

그래서 내가 10여 년간 스피치 코칭을 통하여 습득하고 터득한 팁을 정리하여 발표 불안을 극복하고자 하는 이들에게 도움을 드리고자 한다. 이 방법대로 반복하여 연습한다면 최소한 일방적인 프레젠테이션이나 정해진 질문에 답하는 면접 형식의 발표에서는 탁월한 효과를 얻으리라 본다.

첫 번째, 발표하고자 하는 내용을 구어체로 적는다.
구어체로 적는다는 것은 말하듯이 그대로 적는다는 것이며 최대한 자연스러운 말투여야 한다. 말의 두서가 없어져서 꼬이는 현상은 키워드만 정리하고 말로 풀어서 설명하려다 보니 빚어지는 흔한 증상이다. 순서를 거꾸로 하여 먼저 구어체로 쓰고 말하라.

두 번째, 띄어 읽기를 체크한다.

내용을 읽어 가며 띄어 읽기 할 부분을 빗금으로 체크한다. 띄어 읽기는 발음을 분명하게 하고 호흡을 조절하는 데 탁월한 효과가 있다.

세 번째, 강조할 단어를 체크한다.

강조할 단어는 독립된 명사만이 아니라 조사나 접속사가 될 수도 있다. 한마디로 강조 단어란 중요한 단어라기보다는 글을 읽어 내려갈 때 임팩트를 주는 부분이며 이는 내용을 정확하게 자신에게 각인시키고 상대에게는 잘 전달하도록 하기 위한 것이다.

네 번째, 띄어 읽기와 강조점을 짚어 가며 읽는다.

읽어 내려갈 때 유의할 점은 말하듯이 하며 충분히 띄어 읽고 분명하게 강조하며 읽는 소리와 텍스트가 머릿속에 그림처럼 각인되도록 해야 한다는 것이다.

강조 부분은 형광펜으로 표시해 놓는 것이 좋다. 처음에는 최소 5회 이상 반복하여 읽고 이후에는 점차 횟수를 줄여가거나 생략할 수 있다.

다섯 번째, 보면서 외워서 말한다.

이제는 스펙이 아니라 스피치다

반 정도 외워졌으면 생각나는 대로 말하되, 강조하여 형광펜으로 표시한 부분을 빠뜨리지 않고 느리더라도 분명하게 말하는 연습을 해라.

여섯 번째, 외워서 말한다.

생각나는 대로 말해 보아라. 순서가 틀려도, 단어를 빼먹어도 돌아오지 말고 그대로 끝을 향해 가라. 띄어 읽고 강조하며 반복해서 읽은 단어들이 조각처럼 흩어져도 잠시 후 레고처럼 맞춰질 것이니 제대로 암기하지 못했다고 해서 걱정하지 마라. 이는 외우는 데 목적이 있지 않고 이해하는 데 방점이 찍힌다.

일곱 번째, 발표 내용의 키워드만을 추려 적는다.

발표 내용 중 핵심 키워드만을 정리하여 한눈에 들어오게 한다. 전체 내용을 읽어 가며 키워드만을 따로 정리하여 카드 형식으로 만든다.

여덟 번째, 키워드만 보고 문장을 완성한다.

전체 내용을 여러 번 반복하여 읽고 외웠다면 키워드만으로도 문장 완성이 가능하다. 이때 전체 내용을 정확하게 외워서 적으려 하지 말고 이해한 대로 키워드를 뼈대 삼아 문장을 완성하라.

아홉 번째, 키워드만 보고 발표하라.

이때 전체 내용을 외워서 말하려 하지 말고 이해한 대로 키워드에 살을 붙여 가며 말을 만드는 연습을 해라. 이때 말이 반복되어도 괜찮다. 키워드만 전달하는 것으로 만족하라.

　열 번째, 보지 않고 말한다.

　이쯤 되면 외운 것이라기보다 각인에 가깝다. 말하려는 순간 당신 앞에 당신이 적어 놓고 강조한 글씨들이 펼쳐질 것이다. 끊임없이 악보를 보고 연습한 음악가도 아마 이런 현상을 경험할 것이다. 이후로는 몸과 손과 입이 내 의지가 아니라 스스로 의지를 갖추고 움직이는 것처럼 자연스럽게 움직일 것이다.

　열한 번째, 반복하라.

　지금도 떨린다면 첫 번째부터 열 번째 방법까지 반복하라. 언어를 습득하는 것도, 노래를 연습하는 것도 반복이다. 그러나 이 반복 속에는 '느낌'이 동반된다. '감각'이라고 해도 좋겠다.

　그렇게 하면 어느 순간부터는 반사적으로 나오며 떨리는 것은 사라지고 어느새 내 감각 기관들은 그것을 말하거나 노래하고 있다. 언어가 어느 경지에 이르면 우리말로 치환하여 생각하는 단계를 지나서 반사적으로 바로 나오게 되는 이치와 같다. 당신도 발표를 할 수 있다. 믿어라.

이제는 스펙이 아니라 스피치다

말 잘하려면 이렇게 하라
-프레젠테이션 편

프레젠테이션은 정리가 아니라 이해다.

프레젠테이션은 발표자의 말과 시각적인 자극 등을 이용하여 상대를 설득하고 이해시키는 데 목적이 있으며 이 목적에 최적화된 소프트웨어로써 파워포인트가 주로 사용된다. 파워포인트의 여러 가지 기능으로 우리는 많은 것을 표현하고 전시할 수 있으며 전달하고자 하는 내용을 더욱 부각할 수 있다. 하지만 여기서 간과하지 말아야 할 것은 파워포인트는 발표자나 강연자의 보조 도구이지, 전부가 아니라는 것이다. 강연에서 파워포인트를 사용하는 것은 글이나 사진 또는 영상 자료를 수집 및 첨부하여 청중들이 더욱더 분명하게 이해할 수 있도록 시각적인 효과를 제공하는 것이지, 강연이나 발표의 주인공이 아니다.

그런데 프레젠테이션을 할 때 파워포인트 사용을 당연시하고 이것이 없으면 프레젠테이션을 할 수 없는 것처럼 생각하는 것은 자신만의 생각 정리나 전달 능력에 대한 부족함을 인지하기 때문이다. 파워포인트를 이용하여 프레젠테이션할 때 어려움을 호소하는 대부분의 유형은 자기 자리를 파워포인트에 내어 주어 끌려다니는 모양이라는 것을 간과해서는 안 된다. 또한, 파워포인트를 멋지게 꾸미는 것에 치우치다 보면 자신을 잃어버릴 수 있다.

자신의 자리를 파워포인트에 내어준다는 것은 자신이 말하고자 하는 내용을 온전히 소화하고 이해하여 전달하는 것이 아니라 파워포인트에 쓰인 글의 거의 전체를 읽어 내려가는 유형이 대부분인데 이러한 유형의 발생 원인은 첫 번째, 본인이 전달하고자 하는 내용을 제대로 이해하지 못하여 자기 것으로 만들지 못해서이고, 두 번째, 실수할까 봐 두려운 나머지 청중을 제대로 보지 못하고 청중과 호흡하는 강연을 하지 못하는 것이고, 세 번째, 첫 번째 요인과 비슷하나 자신이 그 페이지에서 강조하고자 하는 내용이 무엇인지 파악되지 않았기 때문이다.

더군다나 파워포인트를 사용할 때 안시 루멘(American National Standards Institute Lumen)이 높은 것이 아니라면 부득불 전체나 앞의 조명을 끄거나 약하게 해야 한다. 이 말은 정작 발표자나 강연자는 어둠 속으로 사라지고 청중들은 파워포인트만을 응시하는 모양이 되는 것이다. 이러한 상황에서 강연자가 파워포인트만 바라보고 거기에 적힌 글을 읽어 내려가기만 한다면 강연자에게도, 청중에게도 의미 없는 시간이 흘러갈 뿐인 상황이 연출되는 것이다. 더욱더 최악인 것은 파워포인트 내용을 그대로 인쇄하여 청중들에게 배포

했을 경우이다. 이것은 편리성과 준비성을 말하기 이전에 돈 들이고 시간 들이고 노력을 들여서 강연을 망치는 지름길이다. 이유는 강연자가 파워포인트만 바라보며 읽어 내려갈 때 청중은 강연자나 파워포인트 인쇄물 그 어디에도 집중하지 못하게 된다.

정말 발표나 강연을 잘하고 싶다면 칠판이나 파워포인트 없이 마이크만 들고 말하는 방식에 익숙해져야 한다. 그렇게 되면 파워포인트에 의지하는 경향이 점차 줄어들고 차후 파워포인트를 사용할 시에 더욱 유용한 도구로 활용하게 된다. 그렇다면 부득이 파워포인트를 사용해야 한다면 잘하는 프레젠테이션은 어떻게 해야 하는가.

첫 번째, 자신이 전달하고자 하는 내용을 120% 이해해야 한다. 넘치게 이해해야 한다는 말이다.

줄여서도, 늘려서도 자유자재로 말할 수 있어야 하는 것이다.

두 번째, 페이지당 문장은 최소화하라.

페이지에는 핵심 문장이나 단어만 적어놓고 설명은 당신이 하라. 다 써 놓게 되면 당신이 하는 말은 메아리나 다름없게 된다.

세 번째, 부득이 글이 많다면 페이지에서 중요한 단어를 체크하고 그 단어 위주로 설명하라.

네 번째, 파워포인트와 청중 사이에서 등을 보이지 말고 앞을 보며 말하라.

내용 전체를 외우라는 것이 아니다. 이해하라는 것이다.

다섯 번째, 발음을 정확하게 하고 강조 단어를 더욱 분명하게 말하라.
발음만 분명해도 프레젠테이션에 자신감이 생긴다.

여섯 번째, 파워포인트는 화려함보다는 단순함이 생명이다. 화려함이 내용을 덮을 수 있다.

프레젠테이션은 정리가 아니라 이해다.
자신이 말하고자 하는 내용을 자신이 이해하지 못한다면 파워포인트가 아니라 어떠한 도구를 사용한다 해도 그저 거추장스러울 뿐이다.

이제는 스펙이 아니라 스피치다

말 잘하려면 이렇게 하라
−말 지도

목적지로 가기 위한 약도를 그려라.

　입사 면접이나 수시 면접 등 면접을 대비하는 준비생들에게 코칭을 할 때는 먼저 면접 준비생 자신에 관한 파편들이 모여 대략적인 그림이 머릿속에 그려지도록 이런저런 질문과 답으로 자료를 수집 및 정리한다. 질문과 답에 따른 자료 수집 및 정리는 말한 내용을 잊어버리지 않기 위해서 모두 적는 것보다, 스스로 말하면서 자기 생각에 대해 본인이 지각하며 머릿속에 정리하는 것이 훨씬 효과적인 방법이다.

　초반 작업을 마치면 그 자료를 토대로 좀 더 체계적으로 자기소개와 사실 확인에 관한 정리, 그리고 왜 그것을 하고 싶고 왜 그곳에 가고 싶은지 등에 관한 이야기를 나눈다. 그러한 작업이 끝난 후 본격적으로 방금 나눈 내용을 토대로 "이제 하나씩 질문하겠습니다." 하며 면접을 보듯이 질문하면 방금까지 이렇게 저렇게 띄엄띄엄이라도 말을 했던 그 사람은 온데간데없고, 당황하여 어이없다는 표정으로 입을 열지 못하는 누군가가 내 앞에 앉아있다. 당황하며 머리가 하얘지는 대부분의 이유는 면접관이 물어보면 논리적으로 끊김 없이 말해야 할 것 같고 자신에 대한 생각 정리가 평소에 제대로 이루어지지 않았으며 평소 자신이 말하는 스타일로 말을 못 하니 어색해서 말문이 막히는 것이다.

"방금 그 사람은 어디 갔죠?" 너무나 단순한 물음에조차 꿀 먹은 벙어리가 되어버린 어처구니없는 모습에 질문하는 나와 답하는 의뢰인 둘 다 헛웃음이 나오는 상황에 직면한다.

이런 상황이 되면 물론 말을 잘 못하고 정리가 되지 않아서 코칭을 의뢰한 것이지만, 의뢰인은 낙담한다. 의뢰인은 자신에 대한 실망감을 감추지 못하며 이렇게 말하곤 한다.

"내가 이 정도일 줄이야…. 왜 말이 안 나오지?"

"그냥 말하라면 하겠는데, 정리해서 말하려다 보니 당황해서 그런지 아무 생각도 안 나요."

"연결을 어떻게 해야 할지 모르겠어요."

"순서를 어떤 것부터 말해야 할지 모르겠어요."

"말하면서 이렇게 말해도 되나 하는 생각에 자신감이 사라져요."

걱정하지 마시라. 이러한 케이스는 수도 없이 봐 왔으며 해결 방법은 밥 먹는 것처럼 쉽다.

이제 누구나 할 수 있고 하면 할수록 정리의 기술이 늘어나는 방

이제는 스펙이 아니라 스피치다

법에 대해 알아보자.

첫 번째, 논리적이거나 정리되지 않았더라도 말하고자 하는 내용의 파편들을 쓰거나 말해 본다.
적는 것보다는 말로만 하는 것을 권장한다.

두 번째, 머릿속에 말하고자 하는 전체를 그림 그리듯 정돈하여 새겨 넣는다.
이때 순서는 그리 신경 쓰지 않아도 되며 사건 하나하나에 대한 설명과 묘사 그리고 느낌을 정돈하는 것이 중요하다.

세 번째, 하고자 하는 말을 사건별이나 시간대별로 번호를 매겨가며 한 줄만 간략하게 적는다.
이 부분이 포인트다. 간략하게 메모하라.

네 번째, 번호를 매겨가며 사건별이나 시간대별로 써놓은 글을 보고 '그리고'나 '그런데' 등의 접속사만 넣어서 이어 말한다.
어떻게든 연결해서 말하는 습관을 들여라.

다섯 번째, 각 번호 내용에 살을 붙여서 이어 말한다.
이 정도가 되면 생각지도 않았던 말들이 생각나서 더욱 풍성해진다. 더 알기 쉽게 설명하자면 자신이 경험한 내용을 사건별이나 시간별로 형식에 구애받지 않고 말해 본 뒤 전체를 이야기하고 그 이야기의 뼈대만 간략하게 번호를 매겨 적은 뒤 접속사만 넣어서 연결하여 말해 본다. 이 단계까지 오면 맥이 잡히며 말하려는 내용의 전체적인 그림이 그려진다. 이 단계까지 오면 이후에 살을 붙여 더 풍성하게 말하는 것이 더욱 쉬워진다. 말이 꼬리를 물며 나온다. 이제는 말할 수 있다. 신기할 것이다.

말 잘하려면 이렇게 하라
-간결 편

간결함은 생각을 명료하게 만든다.

"제가 무슨 말을 하는지 저도 모르겠어요."
"간단하게 혹은 쉽게 설명해 달라고 하면 힘들어요."
"줄거리 정리나 상황 설명에 취약합니다."

자기 자신은 알겠는데 막상 설명하자면 어디서부터 어떻게 말해야 할지 막막하다는 사람들이 있다. 영화를 보았거나, 책을 읽었거나, 수학 문제를 풀었거나 무언가를 자신이 경험하고 터득했다고 생각되는 것을 간결하게 설명하지 못한다면 스피치 능력이나 공감 능력이 부족한 것이 아니라 그것을 자신의 것으로 제대로 충분하게 이해하지 못했기 때문이다. 자신이 수학 문제를 풀 수 있더라도 그것을 다른 사람에게 가르칠 수 있어야 진짜로 아는 것이고 자신이 하고자 하는 말의 핵심을 최대한 간결하게 말할 수 있어야 자기 생각과 주장이 온전하게 전달된다.

오래전에 엄기영 앵커가 〈MBC 뉴스데스크〉를 진행하던 때였다. 서울대학교 공대 박사 과정을 밟고 있었던 사람으로 기억되는데 무언가 대단한 것을 발견해서 서울대학교에 있는 연구원과 방송국에 있는 앵커 간의 화상 인터뷰가 진행되었다. 앵커가 어떻게 해서 그것을 발견하게 되었으며 의미는 무엇인지 물었던 것 같다. 연구원은 한참을 망설이더니 띄엄띄엄 말을 이어갔지만, 일반인들은 이해하기 힘든 전문 용어를 나열하는 데 그쳤다. 이에 당황한 앵커가 말했다. "아…. 전문 용어라 저도 알아듣기 힘든데요. 시청자분들이 이해하기 쉽게 조금 쉬운 말로 다시 한번 부탁드립니다." 그러자 그는 잠시 머뭇거리다 말문을 열었는데 조금 전과 똑같은 말을 되풀이할 뿐이었다.

나는 어린 나이였지만 그 장면을 함께 보고 있던 부모님께 "저 사람은 자기가 하는 말을 자기도 무슨 말인지 잘 모르고 하는 것 같네."라고 말했던 기억이 난다. 자기가 말을 하는데 자신이 생각해도 무슨 말을 하고 있는지 모르겠다면, 상대방이 당신에게 말을 하는데 뜬구름 잡는 것처럼 무슨 말을 하는지 모르겠다면, 이는 둘 다 충분히 이해되고 정리되지 않았기 때문이다. 발음도 정확하고 말꼬리도 흐리지 않아서 말하는 것 자체에는 별 문제가 없는데도 정리 및 요약해서 간결하게 말하는 것이 무엇보다 힘든 사람에게는 다음의 세 가지 방법을 제안한다. 말을 잘하는 방법 중 작은 변화로 큰 성과가 기대되는 방법이다.

첫 번째, 줄거리 정리.

5분 안에 읽을 수 있고 이야기가 이어지는 전래동화 같은 그림책이 좋다. 그림책이 좋은 이유는 설명할 때 그림을 떠올리게 되어 그림 그리듯이 말하게 되고 상대방의 머릿속에 그 상황이 그림으로 새겨지게 되며 이해가 쉽고 시간과 사건별로 이어지는 이야기이다 보니 사건이 연결되어 가면서 긴장감을 유지하며 풀어가는 능력 또한 자연스럽게 키워지게 된다는 점이다. 처음에는 글씨를 가리고 그림을 보면서 이야기하고 두 번째는 보지 않고 말해 보고 혹시 생각이 잘 나지 않거나 이야기가 힘들다면 실망하지 말고 두세 번 반복해서 읽되, 내용만을 눈으로 읽지 말고 사건과 상황을 이해하며 읽어 내려가야 한다.

두 번째, 핵심 단어 체크.

책의 한두 페이지나 연설문, 신문 사설 또는 기도문 등도 좋다. 혹은 자신이 글을 써서 A4 용지 한 장 정도의 글을 써도 좋다. 어느 것이든지 간에 그 글 안에서 중요한 단어들을 체크한 뒤 그 단어를 강조하며 글을 읽어 내려가라. 그러면 어느새 중요 단어 외의 글들은 중요 단어를 도드라지게 하고 그곳을 향하여 가는 길목이 되며 이 방법은 말주변과는 관계없이 최소한 상대에게 자신이 전하고자 하는 핵심을 전달할 수 있게 된다.

세 번째, 설명과 묘사하기.

지금 이 글을 읽는 곳의 분위기나 형태를 설명하고 묘사하라. 예를 들어, 자신이 집 안의 소파에 앉아서 읽고 있다면 "소파 위에서 다리를 쭉 펴고 앉아서 스마트폰으로 글을 읽고 있으며 커튼을 반쯤 쳐 놓아서 거실은 조금 어두컴컴하고 시계 소리만 툭툭거리며 들리는 조용한 아침이다." 대충 이렇게 말이다. 설명과 묘사는 다시 말해 "나는 소파에 앉아서 글을 읽고 있고, 앞에는 텔레비전이 있고, 고양이가 자고 있고…"처럼 눈에 보이는 물질의 사실만을 말하는 것이 아니라 한 걸음 더 나아가 느낌이나 분위기를 말해 보아야 하는 것이다. 느낌과 분위기를 말할 수 있다는 것은 감성이 풍부해서이기도 하지만 그 상황을 온몸으로 받아들여서 자신의 것으로 충분히 이해할 때라야만 가능하다.

이렇듯 자신이 이해하면 말하기가 쉽고, 이해하지 못하면 어렵다. 다시 말해 '말하기'는 '이해'에서 출발하며 자신의 말에 두서가 없다면 스피치 능력을 말하기 이전에 '이해력' 체크를 해야 할 것이다. 이해하면 말할 수 있다. 그것도 아주 간결하게 정리하는 것까지 가능하다.

말 잘하려면 이렇게 하라
―설명 편

알고 있는 것을 알아듣게 설명한다는 것은 최고의 스피치 기술이다.

다음 세 가지 질문에 답해 보아라.

첫 번째, 좋아하는 것과 싫어하는 것을 세 가지씩 말하고 그렇게 생각한 이유를 설명하라(예: 음식, 상황, 가치관, 신념 등…. 짜장면, 잘 웃는 사람, 사람 많은 곳, 약속 안 지키는 것, 살찌는 것 등).

두 번째, 자신을 세 단어로 정의한다면 무엇인지와 잘하는 것 세 가지를 말하고 그렇게 생각하는 이유를 설명하라(예: 밝다, 긍정적이다, 깐깐하다, 수영을 잘한다, 요리를 잘한다 등).

세 번째, 직장과 사는 곳이 어디인지 설명하고 주변 환경을 묘사하라.

나이가 많으나 적으나 상관없이 스피치 코칭을 받으러 오는 모든 분들에게 첫 시간에 다짜고짜 하는 질문 세 가지다. 순발력을 체크하기 위함이 아니고 자신의 머릿속에 있는 생각을 얼마나 잘 정리하여 설명할 수 있는지에 대한 레벨 테스트라 보면 되겠다. 위 질문에 대한 대답의 질이 곧 스피치의 질이라 해도 과언이 아니다.

첫 번째는 평소 자신을 지배하는 생각과 가치관에 관한 질문이고 두 번째는 자신을 바라보는 시각과 객관적인 관점으로 자신을 보는 눈, 자신과 남을 비교하지 않고 오직 자신에게 집중하는 자존감을 체크하는 질문이다. 그리고 세 번째는 공간과 지각 능력 그리고 상대가 알아듣기 쉽게 설명할 수 있는지에 대한 능력치 테스트다. 첫 번째와 두 번째 질문은 추상적이지만, 자기 생각과 인지하고 있는 바에 대한 이유를 말하는 것과 자존감 체크가 포인트라면 세 번째 질문은 공간을 좁혀 가며 자신의 집과 회사가 있는 지역을 상대가 얼마나 알고 있는가를 탐색하며 말해야 하므로 "거기 아세요?" 같은 질문을 몇 번이고 하면서 접점을 찾아가야 가능하다. 상대가 잘 모르는 지역이라면 범위를 크게 잡고 소개해 주는 정도면 된다.

이 세 가지를 천천히라도 무리 없이 상대가 이해하도록 설명이 가능하다면 스피치에 관한 바탕은 충분히 갖춰져 있는 것이며 당신은 상대에게 자신이 생각하고 있는 것과 아는 것을 예시나 적절한 비유 그리고 이유를 들어 논리적으로 설명할 수 있으며 묘사를 활용하여 잘 전달할 수 있는 스피치 능력자다.

이로써 스피치를 잘하는 방법은 확연해진다. '이유 말하기'와 '설명

이제는 스펙이 아니라 스피치다

과 묘사'가 관건인 것이다. 말을 잘하기 어렵다는 사람들 대부분은 '설명과 묘사'에 약하다. 설명과 묘사가 어렵다는 것은 감성과 공감 능력이 약하거나 머릿속에는 있지만, 그것을 상대방이 알아들을 수 있도록 어떻게 표현해야 하는지 알지 못하고 입 밖으로 소리 내어 말할 수 없다는 것이고 설명과 묘사를 적절하게 구사할 수 없다면 자신이 아는 것을 설령 말은 할지라도 상대방은 무슨 말인지 알아들을 수 없다는 것이다. 사람은 자신의 경험과 감성으로 그림처럼 상대의 말을 받아들인다. 한마디로 머릿속에 그려지지 않으면 이해가 안 되는 것이다. 그러하기에 설명과 묘사는 말로 그리는 그림인 것이다.

'설명'의 사전적 의미는 '어떤 일이나 대상의 내용을 상대편이 잘 알수 있도록 밝혀서 말하는 것'이며 '묘사'는 '어떤 대상이나 사물, 현상 따위를 언어로 서술하거나 그림을 그려서 표현하는 것'을 말한다.

이러한 이유로 말하기 능력을 키우기 위한 최선의 방법은 '설명하는 힘'을 키우는 것이다.

무언가를 알고는 있지만 그 전문지식을 공유하는 사람들 외에는 자기 생각을 나눌 수 없다면 전문지식으로 유학을 하고 박사를 해서 그 분야에 해박한 지식과 스펙을 구비했다는 이력만으로 교수가 되어서는 안 되며 교수 정도라면 그 어느 누구보다 설명과 묘사로 비유나 정의 등을 이용하여 학생들이 잘 이해할 수 있도록 가르치는 스피치 기술을 습득한 자라야 한다. 즉, 스피치 능력이 목사나 강사나 교수에게는 더욱 우선시되는 스펙이다. 자기만 아는 말로 혼자만 웅얼거리다 가는 강사나 교수는 자질을 의심해야 한다. 수업이 즐겁고 학교가 재미있어야 공부할 맛이 나지 않겠는가.

이해가 되고 말이 통하면 절반은 된 것이다.

공부 방법 중 칠판에 써 가면서 다른 친구들을 가르치는 방법은 탁월하다. 이 방법은 메타인지 능력, 즉 가르치면서 공부하는 학생 자신이 무엇을 정확하게 아는지, 모르는지를 분간하여 보완하는 능력을 향상시킴으로써 자신에게 부족한 부분을 스스로 보충해 나가는 인지 능력이다.

스피치에서 '설명과 묘사'는 이해시키고자 하는 대상의 성숙도나 이해 정도에 따라 수위를 조절하여 이해를 도와 알아듣게 만듦으로써 메타인지 능력을 향상하는 탁월한 방법이다.

성경에서 예수님은 사람들이 가 본 적 없는 천국과 이 땅에서 삶 그리고 하나님과의 관계에 대해 어려운 말이 아닌 적절한 비유로 제자들과 군중들에게 설명했다. 포도나무, 무화과나무, 달란트 등의 비유는 그 시대, 그 지역에 사는 사람들 누구나 늘 접해서 이해하기 쉬운 재료였다. 이것이 설명과 묘사를 잘 비벼서 말하는 최고의 스피치다. 스피치는 현학적일 때와 그렇지 않을 때를 구분해야 하며 상대의 수준을 고려해야 한다.

알아듣기 쉽게 상대의 언어로 그림을 그려라.

말 잘하려면 이렇게 하라
-정리 편

틀에 맞춰 정리하며 말하는 연습을 해라.

"할 말은 생각나는데 어떻게 말해야 하는지 잘 모르겠어요."
"어디서부터 말해야 하는 거죠?"

단어를 모르거나 어휘력이 떨어져서 말을 못 하지 않는 이상 우리는 대략 말하고자 하는 내용은 알고 있지만, 그것을 정리해서 말하는 것을 힘들어하고 그렇게 정리해서 말하는 것이 말을 잘하는 것이라 생각한다. 그렇다…. 자기 생각이나 말하고자 하는 내용을 정리해서 상대방이 알기 쉽게 말하는 것이 스피치의 핵심이다. 그러나 딱히 규칙이 있는 것은 아니다. 상황에 따라 장황하게 설명해야 할 필요가 있을 수 있고 간단하게 결론만 말해야 하는 경우도 있기 때문이다.

군이 우리가 익히 알고 있는 규칙을 말하자면 '서론-본론-결론'이나 '누가, 언제, 어디서, 무엇을, 어떻게, 왜' 정도다. 언제나 이 규칙에 맞춰서 말을 할 필요는 없으나 말하기에 심한 콤플렉스가 있다면 '틀에 맞춰 정리하기'는 꽤 유용하다. 그중에서도 '이유 말하기'는 단연 으뜸이다.

다음의 방법을 이용하면 어떻게 말해야 할지 감을 못 잡던 분들은 아마도 말하기의 새로운 세계에 눈이 뜨일 것이다.

첫 번째, 이유 말하기.

이유를 말하다 보면 뇌에 말의 길이 생긴다. 콩나물시루에 물을 부으면 물은 밑으로 다 빠지지만, 콩나물이 어느새 쑥쑥 자라듯이, 또한 사람이 계속 다니면 길이 나는 것처럼 한 가지 생각이나 행동을 반복하면 뇌에 길이 생긴다. 길이 생기는 때부터 말하기가 한결 쉬워지게 된다. 예를 들어, 이유 말하기나 일상적인 답변에 힘들어하는 사람은 "좋아하는 음식이 뭐예요?"라고 물어보면 한참을 머뭇거린다. 좋아하는 음식이 없는 것이 아니라 어떤 걸 말해야 할지 몰라서이다. 상대의 눈치를 봐서이기도 하고 실제로 자신이 어떤 것을 확실하게 제일 좋아하는지 몰라서이기도 하다.

이 말은 자신에 대한 확신이 없어서이다. 확신이 없으면 이유도 없다. 설령 "짜장면요."라고 대답했어도 "왜 짜장면을 좋아해요?"라고 물어보면 아이나, 성인이나 한결같이 "그냥요."라고 말하기 일쑤다.

그러면 나는 "'맛있어서요.'라든가 '달콤해서요.'라는 말이라도 이유를 말해 봐요."라고 주문한다. 그러면 '꼭 이유가 있어야 하나?'라는 표정으로 마지못해서 "맛있으니까요." 등의 대답을 한다.

두 번째, 이유 하나씩 덧붙이기.

억지로라도 이유를 말하면 일단 성공이다. 스피치 실력은 여기서부터 시작이다. 생각해 보아라. 대부분의 말하기는 '이유 말하기'의 연속이며 여기서부터 깊이 있는 대화나 철학적인 사고로 이어가는 것이다. 이유를 말할 수 있다는 것은 자신의 의지에 확신이 있다는 것이며 "제가 두부를 좋아하는 이유는 부드럽고 영양가가 많기 때문입니다."처럼 한 가지 이유만이 아닌 이유를 늘려나가는 것은 곧 생각의 확장을 의미한다.

그러므로 말을 잘하려면 이유를 하나씩 덧붙여서 늘려나가거나 그것에 대한 정의를 붙여 주는 것도 좋다.

세 번째, 정의하는 습관.

만약 '웃음은 에너지다.', '남자는 힘이다.'라고 생각한다면 자기 생각을 한 단어로 정의하는 습관은 스피치 스킬을 향상하고 말할 거리들을 마련하는 데 필수적이다. 자신만의 정의를 내리고 가지고 있다는 것은 어떤 상황이나 판단에 대한 말할 때 자신만의 근거나 이유가 되기 때문에 설득력을 얻게 된다.

네 번째, 자기 생각에 상황을 붙여라.

스피치 개인 코칭을 받는 분 중에 강사들의 강의를 보고 즉석에서 평가해야 하는 직위에 있는 분이 오셨다. 이분이 어떻게 평가의 말을 하는지 들어본 후에 여쭈었다. "선생님…. 선생님의 장점, 즉 좋은 점 세 가지만 말씀해주세요." 잠시 머뭇거리시더니 확신에 차서 말씀하셨다. 방금 강의 평가의 예를 말씀하실 때와는 눈빛과 말투가 달랐다. 더욱 확신에 차 있기 때문이다.

"무슨 일이든 열심히 한다."
"하면서 더 잘할 수 있도록 늘 고민한다."
"결과, 성과를 낸다."

이 세 가지는 이분이 누구보다도 확신하고 자신이 잘한다고 생각하고 또한 좋은 점이다.

그렇다면 이 세 가지를 이용해서 평가의 말을 한다면 잘할 수 있지 않을까?
설령 강의 평가를 낮게 줄 수밖에 없는 교수에게도 그리 기분 나쁘지 않게 말할 수 있다.

"방금 강의해 주신 ○○○ 교수님의 강의, 잘 들었습니다. 매 순간 열정적으로 열심을 다해 주신 것에 감동을 받았습니다. 더불어 자료의 내용 면에서도 고민하는 흔적이 엿보여서 좋았습니다. 그런데 조금 아쉬웠던 부분은 너무 주입식으로 전달하는 방식이다 보니 공감대 형성에서 미흡하지 않았나 해서 결과적으로는 성과가 그리 만족스럽지 못한 것 같습니다. 전체적으로 잘하셨는데 마지막 부분을 조금 보완해서 다음에 한 번 더 모의 강의를 진행해 주시면 감사하겠습니다."

이제는 스펙이 아니라 스피치다

어떤가? 평가하는 사람이나, 당하는 사람이나 설득되고 깔끔하지 않은가. 이렇듯 정의를 해서 생각을 한 줄로 정리하는 습관은 말하기 능력 향상에 지대한 효과를 거둔다.

말 잘하려면 이렇게 하라
-명료함

'분명하고 뚜렷하게'는 비단 말뿐만이 아니다.

자신의 의사를 분명하게 말해야 한다.

그것은 자신을 위해서이기도 하지만, 상대에 대한 배려다. 만약 어떤 사람이 당신에게 참석 여부를 물을 때 신속하게 "예.", "아니요."를 말해 주는 것은 상대의 일을 수월하게 할 뿐만 아니라 자신에게는 어떤 일이든 잘 해낼 수 있을 것 같은 '자기 효능감'이 증대되고 더불어 상대가 생각하는 당신에 대한 호감도도 증가하게 된다.

분명한 태도는 분명한 말에서 출발하며 분명한 말은 뚜렷한 자기 생각과 가치관에서 기인한다. 자기 생각이 명확하지 않으면 얼버무리게 되고 생각이나 결정을 지연하게 되어 자신도 힘들고 상대에게도 답답함을 줄 수 있다.

다시 말해서 '분명하고 뚜렷하게'로 풀이되는 '명료함'은 스피치의 목표이며 매사에 자신감을 심어 주고 자기를 넘어서 상대를 설득하

이제는 스펙이 아니라 스피치다

는 관계의 토대가 된다.

평소 말할 때 뒤끝을 흐리거나 자신이 무슨 말을 하는지도 모르게 횡설수설 두서없이 말하거나 의사결정에 장애가 있어서 힘들어한다면 끝까지 읽어 보아라. 걱정하지 마시라. 명료하니까.

첫 번째, 말을 끝까지 분명하게 말하는 연습을 해라.

짧은 문구나 책에 있는 한 문장을 끝까지 호흡을 조절하여 읽어라. "무엇, 무엇을 했습니다." 할 때 "…다."까지 분명하게 소리 내어 말하라는 것이다. 책을 계속 읽어 내려가지 말고 지루하더라도 한 문장을 가지고 끝까지 읽는 연습을 30회씩 반복하라. 끝까지 읽는 것은 무엇보다 중요하다. 지루한 반복은 역사가 된다.

두 번째, 하고 싶은 말을 먼저 하라.

가령 그곳에 가기 싫다고 말하고 싶으면 "그곳에 가기 싫습니다."를 먼저 말하고 이유를 말하라. 즉, 자기 의사를 먼저 표명한 뒤에 이유를 말하라. 횡설수설하는 사람의 대부분이 상대의 감정이나 위치 그리고 상황을 너무 고려한 나머지 먼저 답을 말해 버린다. 상대가 마음 상할까 또는 자신의 이미지가 안 좋게 보이지 않을까 해서 답을 보류하거나 얼버무리다 보니 정작 하고 싶은 말은 뒤로 밀리거나 하지 못하게 되거나 이야기가 의도치 않은 방향으로 흘러가게 된다.

세 번째, 먼저 쓰고 말하라.

시간이 있다면 하고자 하는 말을 적어 보아라. 말이 안 되고 두서가 없더라도 일단 생각나는 단어나 문장들을 적어라. 비슷한 단어나 내용들이 쓰일 것이다. 그것이 당신이 정말 하고 싶은 말이다. 말을 잘하고, 못하고를 떠나서 자기 생각을 쓰는 작업은 뇌를 활성화하며 더 넓게 의식을 확장시킨다. 생각지도 못했던 말들이 떠오르고 자신이 쓴 글에 감탄하기도 할 것이다. 말할 일이 없더라도 의식의 흐름을 따라 스마트폰 메모장이든 어디든 불현듯 떠오른 단어나 문장을 써 내려가 보아라. 어느 순간 당신만의 가치관이 정립되고 의식이 분명해지며 의사가 명확해지게 될 것이다. 너무 명료해질까 봐 두려울 정도로 말이다.

네 번째, 생각은 짧게 하고 결정은 신속하게 하라. 그리고 후회하지 마라.

연습이다. 모든 결정을 짧게, 단칼에 무 자르듯 하라는 것이 아니라 연습이다. 그 어렵다는 짜장면과 짬뽕 선택부터 시작해보아라. 그리고 후회하지 말고 자신이 선택한 것에 대한 좋은 점을 빠르게 다섯 가지 말해 보아라. 결정 장애와 명료하지 못한 언어 습관에는 끊을 수 없는 순환의 고리가 있다. 그것은 자신의 선택에 대한 불신과 '내가 이럴 줄 알았어.' 하는 반복된 실패 경험 그리고 상황이나 분위기 탓을 하는 눈치 보기다.

생각을 짧게 하고 결정은 신속하게 그리고 후회하지 않는 건 자존감의 끝이며 자신감의 극치다. 더욱더 명료하고 지혜로운 결정을 하기 위하여 비록 차갑게 보이더라도 분명하게 말하는 습관을 길러라. 말하는 스타일과 볼륨은 그 사람의 스케일을 만들며 명료한 말소리와 분명한 의사결정은 다른 이들로 하여금 그 사람의 모든 것을 인정하게 만든다. 압도되며 설득되는 것이다.

이제는 스펙이 아니라 스피치다

말 잘하려면 이렇게 하라
-글쓰기

말 잘하는 글쓰기. 글쓰기와 말하기는 다르지만 같다.

말을 잘하려거든 글을 써라.

글쓰기라고는 어릴 적 방학 숙제 일기와 독후감 몇 편 그리고 학교나 직장에 들어가기 위해 작성한 자기소개서 정도가 전부인 나에게 글을 쓰라니, 말도 못 하는 내가 어떻게 글을 쓴다는 말인가. 글쓰기는 책을 많이 읽고 역사와 시사에 밝으며 학식이 있는 사람만의 전유물이 아닌가. 아니다. 그렇지 않다. 단순하게 생각하면 당신도 글을 쓸 수 있는 근거가 명쾌해진다. 글은 글을 쓰는 사람의 생각이다. 그리고 그 생각을 옮겨 놓은 것이 글이다. 쓰지 못하는 이유는 글감이 떠오르지 않거나 문장을 잇는 데 서툴기 때문이다. 생각이 없는 사람은 없으며 그 생각을 그대로 옮겨 놓으면 되는 것이다. 그것이 글이며 이 점이 말하는 법과 다르지 않은 이유다. 이렇게 쓰인 글을 읽으면 소리를 넘어 의미를 가진 말이 된다. 이처럼 생각하니 글쓰기가 그리 어렵다는 생각이 사라지는 것 같지 않은가.

여기서 푸념 섞인 질문이 나온다. "그렇게 생각하면 간단하지만, 생각을 정리하지 못하고 어디서부터 말하거나 써야 할지 모르니까 못 쓰는 거죠, 생각 정리를 잘하면 되는 걸 모르나요, 그게 안 되니까 뒤죽박죽 머리가 하얗게 돼서 못하는 거죠." 어떤 사람은 말하면서 생각을 하고 그 생각에 더해서 다시 말한다. 타고난 것이다. 말하면서 뇌 신경이 전기 자극을 받아서 뇌의 회로가 연결되는 것이다. 그런데 이런 사람들은 감성이 풍부하고 임기응변에 능하고 달변가이기는 하나 의외로 글쓰기를 어려워하기도 한다. 이와 반대로 말을 잘 못한다고 생각하는 사람들은 일단 생각도 잘 나지 않지만, 머리에서 먼저 정리가 되어야 말을 한다. 그런데 생각해야 글을 쓸 텐데 아이러니하게도 이런 사람들에게 글쓰기는 최적화된 말 잘하는 방법이다. 일단 시도해 보아라. 그 효과는 흐뭇하다.

첫 번째, 주제를 하나 정하고 생각나는 대로 단어든, 문장이든 일단 써라.

글쓰기 책에서도 글을 잘 쓰기 위해서 가장 강조하는 방법은 다른 것 없이 일단 쓰라는 것이다. 잘 쓰기 위해 말을 만들려고 하다가 자신의 한계를 깨닫고 포기하는 것이니 펜을 놓기 전에 떠오르는 단어를 일단 써라. 그런 다음 글을 보고 조립하기를 반복하라. 조립하고 연결하는 과정에서 말하기 회로가 열리게 되고 새로운 단어나 소스가 생각날 것이다 그럴 때 그것을 또 써라.

그렇게 해 보면 말이 엉키고 풀리면서 꼬리를 물고 나오는 신기한 경험을 할 것이다. 이때 지식과 어휘력이 더해지면 상당한 폭발력을

이제는 스펙이 아니라 스피치다

발휘하겠지만, 지식과 어휘력이 풍부하다고 글을 잘 쓰거나 말을 잘한다고 하는 것이 아니다. 말과 글에는 그것보다 더 위에 있는 진솔함이 있다. 진솔함은 공감을 끌어내고 감동에 이르게 하는 탁월함이 있기 때문이다. 그러하기에 거칠더라도 생각나는 대로 의식의 흐름을 따라서 써 내려가 보라.

두 번째, 말을 잘하기 위한 글쓰기를 한 걸음 더 나아가게 하는 방법은 '이유 말하기'다.

'이유 말하기'는 스피치의 처음이자 끝이다. 예를 들어, "저는 여행을 좋아합니다. 그 이유는 여행은 저에게 여유와 자유로움을 주기 때문입니다. 그래서 저는 여행을 좋아합니다." 이렇게 쓰고 말하게 되면 완성된 문장을 말한 것이다. 모든 글과 말을 요약하면 주장, 이유, 주장의 연속이다. 이유 부분에 근거가 될 만한 자료라든가 설득하고 공감될 만한 에피소드가 들어가면 그만이다.

말을 잘하기 위한 글쓰기의 기본은 이러한 이유로 '자기 생각의 명확성', '생각 정리'이다. 분명한 자기 생각, 가치관, 주장이 있을 때만 에피소드를 고르고 근거를 찾고 대입시키고 설득할 만한 이유를 말할 수 있는 것이다. 스피치는 그래서 확신을 가지고 선택하는 자존감이 밑바탕에 있어야 한다. 자존감이 높은 것과 말을 잘하는 것은 자기 생각이 명확하다는 것과 불가분의 관계이며 의지가 확고하고 다른 사람의 의지로 인하여 좌지우지되지 않는 분명함은 자신감을 심어 주어 말에 자신감을 불어넣어 준다. 만일 자신이 다른 사람의 눈치를 보지 않고 자존감이 높으며 의지가 분명한 사람이라고 확인하고 싶다면 '내가 하고 싶은 것은 무엇인가?'를 짧은 시간에 다섯 가지만 써보아라. 자존감이 강하고 의지가 분명한 사람은 현실성이 있건, 없건, 다른 이가 뭐라 하든 상관없이 주저 없이 써 내려간다. 우주여행이라고 썼다 치자. 다른 사람이 어찌 생각하고 그것이 현실성이 있든지, 없든지 간에 내가 우주여행을 하고 싶다면 하는 것이다. 이러한 단호함이 있으면 말을 잘하게 되며 주장이 뚜렷하여 매력 있는 사람이 된다.

이것 또한 써 봄으로써 말하기 능력이 더해질 수 있다.

세 번째, 말하고자 하는 주 내용의 소제목을 써라.

예를 들어, 지시 사항을 전달하는데 이 얘기하다가 저 얘기하거나 한 말 또 하고 한 말 또 하면 듣는 이들은 지금은 어찌 알아들었어도 다음에는 알아듣지 못하거나 들으려 하지 않을 것이다. 할 이야기를 짧게라도 써 보고 난 뒤에 말하면 그나마 조리 있게 말하게 된다. 성격이 급한 분들에게 권한다.

네 번째, 무조건 연상 단어나 문장을 쓰고 그것에 대한 이유 쓰기까지 된 정도라면 가능하다.

한 가지 주제로 다섯 줄 이상 쓰는 연습을 해라. 한 가지 주제로 다섯 줄 이상의 글을 쓸 수 있다면 5분 스피치는 무난하게 할 수 있다.

다섯 번째, 한 가지 주제만 생각하며 하루나 일주일을 보내 보아라.

생각나는 관련 에피소드나 단어나 문장을 스마트폰 메모장을 열어서 쓰거나 수첩에 적어라. 당신의 말하기가 어느새 풍성해지며 논리 정연하며 상대방이 당신의 이야기를 듣고 있음을 감지하는 순간 입가에 미소가 번질 것이다.

말 잘하려면 이렇게 하라
-말 만들기 편

구슬이 서 말이라도 꿰어야 보배지.

"도대체 어떤 말을 해야 할지 모르겠어요."
"입안에서는 맴도는데, 입 밖으로 튀어나오질 않아요."
"두세 명 정도랑은 곧잘 하는데 앞에만 서면 아무 생각도 안 나고 못 하겠어요."

말을 잘하고 싶다고 필자를 찾아오는 대부분의 사람이 하는 말이다. 그런데 아이러니하게도 이런 문제를 가지고 상담하는 분들은 말을 잘한다.

말은 잘하는데 말을 못 한다는 말은 무슨 말인지 의아해할 것이다. 이 말은 곧 두 가지다. 첫 번째, 할 말이 있거나 공개석상에서 말해야 하는데 정말 아무 생각이 안 난다. 두 번째, 무슨 말을 해야 할지는 알겠는데, 정리가 안 된다.

이제는 스펙이 아니라 스피치다

간단히 말해서 첫째 사안은 생각 자체가 멈춰 버린 것이고 둘째 문제는 말의 순서가 엉킨 것이다. 머리가 하얗게 된다거나 아무 생각이 안 나고 생각이 멈춰버린다는 것은 뇌세포의 회로가 서로 자극을 주지 못해 연결이 안 되어서 불이 꺼져 있다는 것이다. 뇌세포의 최소 단위인 뉴런은 서로의 전기 자극으로 인해 연결되어 정보를 유추하고 전달한다. 이러한 기능을 가능하게 하고 발전시키고 각자의 세포들을 자극하여 불을 밝혀 연결되게 하는 탁월한 작업이 '말 만들기', '정의하기', '한 문장으로 완성하여 이유 말하기' 그리고 '이유 더하기'다. 운동을 하면 근육이 생기듯이 말도 정확한 방법으로 연습하면 늘게 마련이다.

스피치를 지도할 때 애로사항은 수치로 나타낼 수 없다는 것이다. 그야말로 느낌과 반응에 의존할 수밖에 없다. 그럼에도 불구하고 다음의 말하는 법 세 가지는 지속적인 연습이 수반될 때 말하는 기술과 시간을 늘릴 수 있는 좋은 방법이다.

첫 번째, 말 만들기.

처음에는 짜장면, 짬뽕, 중국집처럼 연결성이 있는 단어로 "우리는 중국집에 가서 짜장면과 짬뽕을 먹었다."라는 식으로 말을 만들어 본다. 다음 단계는 연결이 안 되는 단어. 예를 들어 화장실, 지우개, 스테이크라는 단어로 말을 만들어 본다.

그러면 "화장실에 다녀와서 스테이크를 먹었는데 지우개를 씹는 기분이었다."처럼 억지스럽지만, 말은 만들어지게 되어 있다. 이때 연결이 안 되는 단어들을 세 단어, 네 단어씩 더해 가며 연습하면 금세 말수가 늘어난다.

두 번째, 정의하기.

"웃음은 에너지다.", "가족은 사랑이다."처럼 정의해 보는 작업을 해 보자. 정의하기 연습은 생각의 확장을 위한 중요한 실마리를 제공한다. 생각은 단어를 타고 흐른다. 단어를 몰라서 말을 못 하는 것이 아니다. 말은 단어의 연결이며 정의하기는 생각의 확장을 가져온다. 마인드맵이나 연상 단어 말하기 연습도 추천할 만하다.

생각은 생각을 낳는다. 뇌세포에 자극을 주는 것이다. 말을 잘한다는 것은 자극을 원활하게 준다는 말과 같다. 목사나 철학자는 왜 말을 잘할까? 생각하기 때문이고 그 생각을 토대로 나름의 주관과 뚜렷한 정의를 가지고 있기 때문이다.

세 번째, 한 문장으로 만들어 이유 말하며 더하기.

"나는 짜장면을 좋아합니다. 그 이유는 달콤하기 때문입니다." 이것이 이유 말하기의 완성된 문장이다. 성인들은 이러한 방법으로 연습하라고 하면 유치하다는 듯 '내가 이런 거 하려고 여기에 왔나?' 하는 표정으로 더 복잡한 것을 요구한다.

그러나 막상 해 보면서 "나는 짜장면을 좋아합니다. 그 이유는 달콤하고 어릴 적 기억이 나서입니다."처럼 이유를 한 가지씩 늘려 가는 연습을 하면 힘들어한다.

정의하기의 연결선상에서 이유를 한 가지씩 늘려가며 자기 생각을 말하는 연습은 그래서 탁월하다. 예를 들어, "나는 웃음은 에너지라고 생각합니다. 그 이유는 웃음은 나와 주위를 밝게 해 주기 때문입니다. 또한, 웃음은 기분 좋은 분위기를 만들어서 의욕이 넘치게 해 주기 때문입니다." 등으로 표현해 보는 것이다. 말은 그리 매끄럽지 못하나 어떠한 사안에 대해 정의를 내리고 이유를 늘려 가는 말하기 연습은 생각의 확장을 불러온다.

생각하면 말을 잘한다. 흔히 책이나 신문을 많이 읽으면 말을 잘할 거라 생각하는데 정확하진 않지만 틀린 말은 아니다. 눈으로 들어온 정보를 뇌에서 정리 및 보관하기 때문에 위의 말하는 법칙의 적절한 자극이 주어진다면 시너지 효과를 기대할 수 있는 것이다. 또한, 여러 사람 앞에서 말을 하면 잘할 수 있을 거라 생각하는데, 담력을 키우고 경험을 늘릴 수는 있을지는 몰라도 말하기의 근본을 향상하는 데는 그리 도움이 된다고 볼 수 없다.
말하기 연습은 사실 지극히 개인적이다.

같은 말의 반복은 강조가 아니라 그냥 말이 아니다.

자기 머릿속에는 이미 있고 경험했으며 아직도 그 기분에 취해 있는 사람이 의사전달에 어려움이 있다면 그의 상태는 감정 과잉이며 감정이 과잉되면 어법이 흐트러지고 상대는 어리둥절해 하며 자신만의 기분에 사로잡혀서 혼자 주절거리는 상황을 초래할 수 있다. 즉, 자기 혼자 흥분해서 말하면 안 된다. 그 이유는 듣는 사람들은 아직 흥분할 조건도 없고 그 이야기에 들어가지도 못했기 때문이다. 예를 들어, 재미있는 경험을 하고 다른 사람에게 그때의 상황이나 느낌을 이야기하려 할 때 혼자서 계속 피식거리며 웃는다거나, 웃다 보니 말을 드문드문해서 무슨 말을 하는 건지 모르게 만들면 상대는 웃기기는커녕 이해 불가의 상황을 초래한다. 아마 횡설수설이란 표현이 맞을 것이다. 이러한 유형의 사람은 감성이 풍부하며 순수하다. 그러나 말하기 어법이 제대로 되지 않는다면 순수함은 지루함과 어리둥절로 바뀐다.

이성보다 감정이 앞서다 보니 그때의 감정 상태에 다시 몰입하여 흥분하며 소리가 높아지고 격해진다. 단어를 뱉고 단어와 단어를 연결 짓는 접속사 등을 넣지 않거나 단어 이후 연결 없이 다른 단어를 열거하거나 중간을 빼고 말하거나 전후 설명 없이 들이대는 바람에 가만히 앉아서 듣는 사람은 무슨 영문인지도 모르고 멍하니 있을 뿐이다. 더구나 여러 명이 있는 자리에서는 모두에게 공통된 소재가 아니라면 더욱더 그러하다. 이 상황에서는 어법은 둘째로 하고 일단 전후 관계를 설명한 후 이해를 돕고 이야기에 들어가야 맞다. 이때는 이성이 먼저이고 이야기의 틀을 짜 놓는 것이 우선이며 이해를 돕는 설명이 수반되어야 한다. 다른 말은 알겠는데 '틀'이 무엇인지 의구심이 들었을 것이다.

스피치에서 '틀'이란 '한 단어나 한 가지 사건으로 시작해서 이유나 상황을 설명하고 끝으로 마침표를 찍은 상태'를 말한다. 다시 말해서 하나의 이야기를 시작했으면 그 이야기를 마치고 다음으로 넘어가라는 것이다. 예를 들어, 자신의 이야기를 듣는 사람들이 알법한 어떤 사람이 아기를 낳았다고 하자. 자신은 당사자와 친하지만, 우리는 아니라면 그 사람이 누구인지, 어떠한 상황인지에 관해서 설명이 필요하다. 이러한 설명도 틀이다.

하나의 틀이 끝나면 다음 틀로 넘어가는 것이다.
정리를 시켜 주면서 다음 단계로 가야 한다는 말이다. 하나의 틀에 하나의 사건을 매칭하면 좋다. 이렇게 되면 차분해지고 일목요연해지며 듣는 이들도 감정 이입의 속도가 명확하고 빠르다. 한마디로 말해서 상대가 이해할 수 있도록 말해야 한다는 말이다. 이해되지 못한 것은 재채기이지, 스피치가 아니다. 말을 하는데 무슨 말을 하는 것인지, 또는 하려고 하는지 상대가 잘 알아듣지 못한다면 같은 말을 연결 없이 반복하는 사람의 어법 무시 유형이라 할 것이다.

이러한 사람은 의사 전달이 잘 안 되었다고 생각하거나 상대에게 믿음이 없거나 하여 이유나 자기 생각이나 감정을 명확하게 말하지 않고 투덜거리듯 해서 잔소리처럼 들리게 하는 경우이거나 처음 말을 끝맺지 못하고 자기 기분에 도취되어 한 단어, 두 단어를 반복적으로 끊어서 말하는 유형이다. 이런 유형은 하고자 하는 말과 생각은 많지만, 정리해서 말하는 법이 서툴거나, 혹은 공감 능력이 낮거나, 말을 끝맺고 시작하는 법을 잘 활용하지 못해서 오는 참사이다. 다시 말하지만 '일단 틀을 만들고 다음에 살을 붙여라.' 처음에 한 문장으로 써놓고 붙여 쓰고 이어서 쓰고 다듬고 요약하면 알토란 같은 글과 말이 나오는 것이다. 이것이야말로 스피치의 기본이며 이것이 늘어나면 연설이 되고 설교가 되며 강의가 되는 것이다. 글 쓰는 법과 스피치 기법은 같다. 한 권의 책이 나오기 위해 작가는 수없이 고치고 빼고 끼워 넣기를 하고 줄이고 늘리기를 반복한다. 첫 줄부터 일필휘지로 써 내려간 책은 없다 해도 과언이 아니다. 그 이유는 논리와 근거가 바탕이 되어 논지에 대한 설명을 넘어서 설득하는 과정으로 들어가기까지는 여러 가지 예와 단계를 필요로 하며 쓰거나 말하면서 생각은 확장되고 연결되어 처음보다 더 목적과 논리가 분명해져서 일목요연해지기 때문이다.

그렇다면 그 방법은 어떠한가 보자.

첫 번째, 책을 쓰거나 스피치를 구상할 때 처음부터 '이런 책을 쓸 거야.', '이런 말을 할 거야.'라고 생각한 게 있다면 그 주제를 위주로 정보와 이야깃거리를 수집한다.

두 번째, 하고 싶은 말과 글이 머릿속에 있어도 단락별로 단어를 뱉 듯이 나오면 듣는 이들은 무슨 말을 하려고 하는지 모른다. 일단 첫 말을 끝맺고 다음을 시작하라. 스피치와 같다는 것이 이러한 이유이다.

일 하나를 끝내고 다른 일을 벌여야지, 정리도 되고 능률이 오른 다. 여기저기 일만 벌여 놓으면 제대로 되는 것도 없이 어수선하기 만 한 것과 같은 이치이다. "바늘허리에 실 매어 못 쓴다."라는 말처 럼 모든 것에는 순서가 있다. 그 순서가 처음에는 어렵더라도 일단 정리만 해 놓으면 그 이후는 수월하다. 대화나 연설이나 발표에서 상대와 공감까지는 아니더라도 최소한 이해되지 않았다면 더듬거리 더라도 처음부터 다시 하라. 차라리 그것이 더 인간적이고 잘하는 스피치다. 되지도 않고 연결도 안 되는 말을 혼자 피식거리며 늘어 놓기만 하는 스피치는 하품이다.

스피치든, 인간관계든 이해가 안 되고 공감이 안 되면 그냥 아무 것도 아니다.

청중은 얼어버렸고, 말하는 이는 혼자 뚝 떨어져 돌처럼 굳어서

공감조차 못 얻고, 해는 기울어 시간만 가는구나. 제대로 스피치가
안 되면 서로 미안해진다. 그 지루하고 황량함이란.

이제는 스펙이 아니라 스피치다

내가 스피치다

스피치는 스킬이 아니라 심리다. 여태껏 스피치를 스킬로만 접근하고 이해했다면 이 책을 펼치는 순간 말하기가 어디에서부터 출발하며 무엇이 중요한지 알게 될 것이다. 말은 생각과 품성에서 나며 그 입에서 나온 말이 그 사람의 인생이 된다. 또한, 말은 자존감과 마음의 정도에 따라 그 질을 달리하며 대인관계를 맺을 때 중요한 역할을 한다. 이렇듯 마음, 자존감, 생각, 성품 등은 말하기뿐만이 아니라 인간관계 전반에 걸쳐서 중요한 역할을 감당하기에 알고 배우고 단련해야 한다.

내가 스피치다
-자존감

자존감은 자기 생각에 대한 믿음에서 출발한다.

자존감이 높으면 말을 잘한다. 그 이유는 자기 생각이나 결단에 대한 믿음이 자존감이 낮은 사람보다 확고하기 때문이다. 자기 생각에 대한 분명함은 그 표현 방식에 따라 자칫하면 오만하게 보일 수도 있겠으나 그것은 인품, 곧 품성의 문제이거나 스피치 스킬의 문제다. 자신의 분명한 기준이나 가치관이 없는 사람은 언제나 상대의 의견에 끌려가기 마련이고 그러한 자신을 마음씨 좋은 사람이거나 평화주의자로 치부해 버리기도 한다. 마침 다른 사람들에게 착하다거나 온순해서 자기 생각을 너무 강하게 주장하지 않는 사람이라며 세상 좋은 사람으로 불리기까지 한다면 자신의 가치관이나 기준을 정하고 주장하거나 선택하기란 더 어려운 일이 될 것이다.

자기 생각에 관한 믿음이 신념이다. 신념은 한 사람이 생각하고 말하고 선택하고 결정하며 행동하는 기준이며 인생을 바라보는 시선이자 틀이다. 우리는 이단 사이비에 빠진 사람을 이상한 눈으로 바라보며 말한다. "어쩌다 저런 데 빠졌대… 상식적으로 이해가 안 가." 그러나 간단하다. 그것이 그들에게 어느 순간 신념으로 자리 잡았기 때문에 모든 선택의 기준이 되는 것이다. 이러한 이유로 자신의 가치관이나 생각의 기준을 정한다는 것은 매우 중요하며 자신감 있는 말하기와 대인관계에 지대한 영향을 끼친다.

어떻게 말해야 할지 모르겠다고 말하는 대부분의 사람에게 "사람이 살아가는 당신만의 이유는 무엇인가요?"라고 무척 철학적인 질문을 한다면 대부분은 머뭇거린다. 아니면 질문 수위를 조금 내려서 "직장에서 인정받으려면 어떻게 해야 하며 직장 생활을 잘하는 방법은 무엇이라고 생각하나요?"라고 질문해도 마찬가지다.

그도 그럴 것이, 자기 생각이 분명하지 않기에 '이렇게 말해야 하나?', '이렇게 말하면 너무 평범하지 않을까?', '저렇게 말할까?' 아니면 아무 생각도 나지 않아서 꿀 먹은 벙어리가 되는 것이다.

면접을 볼 때도 상황은 마찬가지다. 면접관의 어떠한 질문에도 답을 하는 것은 진땀 그 자체일 것이다.

위의 질문이 너무 난해하다면 이것은 어떤가?
"어떤 음식 좋아하세요? 왜 좋아하세요?"
이 질문에 빠르고 명확하게 대답할 수 있는가.
어휘력이나 감각이 뛰어나서 말을 잘하는 것만이 아니다. 자신만의 가치관을 정립하라.

물론 가치관은 환경에 따라서, 나이 듦에 따라서 바뀔 수 있다. 그러나 그때가 언제이건 간에 자신만의 기준은 필요하다. 자존감이 낮으면 대화는 물론이고 대인관계도 어렵고 하다못해 연애도 힘들다. 생각에 오류가 생기며 상대의 표정이나 말투를 오해하거나 이해도가 떨어지기도 한다. 자신감과 자신에 대한 믿음을 가지며 단호하고 색이 분명한 생각을 가져라. 어디까지나 당신의 생각이니 맞고 틀린 건 없다.

빠르고 분명하게 색깔을 정하는 습관을 들여라.

무엇을 먹을까, 무엇을 마실까 고민해 보라. 더욱 중요한 것은 왜 그것을 선택했는지를 말해 보는 것이다. 이것은 의지 표현 연습이다.

자기 것이 있으면 여유롭다. 자신에게 돈이 풍족하면 일단 여유로워지는 것이다. 그러므로 자신의 가치관이 분명하게 있으면 다른 이의 생각도 받아들일 수 있는 공간이 생기는 것이다.

선택과 결정이 반복되면 그것은 신념이 된다.

그리고 그 신념이 당신을 이끌 것이다. 좋은 것을 생각하고 바른 것을 말하고 서로에게 유익이 되는 선택을 해라. 그리하면 말하기를 넘어서 당신의 품성과 인생에 넉넉한 여유까지 안겨다 줄 것이다.

이제는 스펙이 아니라 스피치다

내가 스피치다
-자신감

자신감을 본 사람은 아무도 없다.

"자신감이 없어서 말을 잘 못해요."
"자신감이 없어서 앞에만 서면 떨려요."
"자신감이 없어서 면접에 항상 떨어져요."
"자신감이 없어서 여성과 대화를 잘 못해요."
"자신감이 없어서 상사 앞에 서면 주눅이 들어요."

스피치 코칭 상담의 절반 이상은 '자신감'이다. 또 말을 잘 못하는 이유를 '자신감'이 없어서 그러는 것이라고 막연하게 단정 지어 생각하고 그 부분을 해결할 수 있느냐며 요청해 온다. 결론은 '해결'할 수 있다. 실체도 없는 '자신감'을 만들어서 안겨줄 수도 없는데 어떻게 해결한다는 것일까. 해법은 간단하다. 자신이 자신감이 없다고 생각하는 것이니 자신감이 있다고 생각하게 하면 되는 것이다. 너무 무책임한 답변 같지만, 자신감이 없으니 생기게 해달라는 것도 어찌 보면 무책임하다. 자신감은 믿음이 먼저다. 먼저 자신을 인정하고 코치인 나를 인정하고 믿고 따라오면 되는데 자신감이 없다고 오는 분들은 중도에 포기하는 분들이 적지 않다. 이 또한 자신을 믿지 못하는 신념의 부재다. 그리고 질문한다. "과연 자신감이 생길까요?" 이처럼 자신감의 문제로 오는 이들을 코칭하면서 답답한 부분은 스피치 코치인 내가 "이제 어느 정도 완성되어 가네요. 처음보다 제법 말씀을 잘하십니다."라고 해도 "말은 조금 할 줄 알아도 자신감이 없는 걸 어떡해요. 그래도 사람들의 시선이 신경 쓰이는걸요."라며 자신에게 자신감이 생겼다고 선뜻 인정하려 들지 않는다는 데 있다. 믿음은 바라는 것들의 실상이라 했다. 목사님들이 강단에서 힘 있게 설교하는 이유는 무엇인가. 자기 생각이 확고하기 때문이다. 그 확신이 자신감을 만든다. 있다고 하면 있는 것이다.

의사가 여러 가지 처방과 시술 등으로 병의 원인을 제거하고 다 나았다고 말하는데 환자가 자기는 아직도 아프다며 병이 나았음을 인정하지 않는 것과 같다. 또는 자기는 허리가 아프거나 두통이 심해서 병원에서 갔는데 의사가 여러 가지 진찰을 해도 원인도 모르겠고 이상한 곳이 없다고 했는데도 인정하지 못하고 의사의 말을 안 믿고, 다른 병원을 전전하며 실제로 환자는 계속 통증을 호소하는 것과 같다. 이러한 현상을 심리학 용어로 '신체화 증상'이라고 말한다. 이 증상은 감정을 억눌러 표출하지 못했거나 과도한 스트레스가 분산되지 않고 쌓인 감정의 독이 신체의 통증으로라도 분출되는 심리적 통증이 신체에서 느껴지는 현상이다. 자신감이 없어서 말을

이제는 스펙이 아니라 스피치다

잘 못하고 대인관계에 어려움이 있다고 호소하는 사람들은 이처럼 자신을 인정하지 않고 상대에 대한 신뢰가 적으며 만족함이 약해서 끝도 없이 채우기만 하거나 자신에게 이미 있는 것을 대단하게 생각하지 않으며 외부의 조력으로 문제를 해결하려 든다.

생각해 보자. 자신감이 없을 때는 언제인가. 자존감이 낮거나 남들과 비교해서 실력이 모자란다고 생각할 때이다. 다른 사람은 잘하는데 나는 못한다고 생각하는 것이다.

스피치는 발음, 생각 정리 등의 스킬만이 아니라 심리와 함께 가야 하는 이유가 여기에 있다. 스킬 부분의 상승과 자신감은 거의 비례하지만, 자존감 상승이 뒷받침되지 못하면 모래성에 불과하다. 내나이 마흔이었다. 음악에 기초도 없는 내가 소리 하나 인정받아서 당당하게 세종대학교 음악과에 들어갔다. 그런데 많은 사람 앞에서 강의할 때면 떨리기는커녕 시쳇말로 작두를 타듯이 신나게 강의하고 자신 있고 분명하게 말하는 법을 가르치는 스피치 코치인 나인데도 불구하고 노래를 하려고 무대에만 서면 떨리고 불안해서 자신감은 온데간데없었다. 이유는 무엇이었을까.

결론부터 말하자면 '음악에 관한 기초 연습 부족과 비교에서 오는 자존감의 낮음'이 이유였다. 체계적인 연습이 충분하지 않았고 결정적인 것은 심리적 요인이 있었다. 어릴 적부터 탄탄한 음악 기초와 실력으로 무장한 젊은 친구들과 게임이 안 된다는 생각을 늘 하면서 다녔던 것이다. 졸업할 때 즈음에는 초창기 나의 모습은 많이 사라졌지만, 내가 다른 이들보다 부족하다는 자존감의 낮음이 나로 하여금 떨리게 하고 다른 이들의 시선을 신경 쓰게 하며 그로 인해 알고 있고 할 수 있는 것도 자신 있게 부르지 못하고 호흡 조절에 실패하고 박자를 놓치고 잘 나오던 음정이 틀리고 소리가 제대로 안 나와 기량을 최대치로 보여 주지 못했던 적이 몇 번 있었다. 괜한 위축감으로 인해 이미 가지고 있고 출중한 기량마저도 제대로 발휘하지 못하게 하는 것처럼 심리적 요인이야말로 문제의 절반 이상이다. 이러한 이유는 '자신감이 아닌 자존감'이 충족되지 않았기 때문이다.

자신감이 없어서 말을 잘 못한다고 하는 사람들의 대부분은 자신이 말을 잘 못하고 대인관계에 어려움을 겪으며 할 말을 제대로 못해 불편해지는 까닭을 자신에게서 찾지 않고 보이지도 잡히지도 않는 자신감에게 떠넘긴다. 물론 자신감도 자신 안에 있는 생각이지만 말이다. 스피치 코치인 나는 그의 무책임한 떠넘김을 직시하게 하고 '자존감과 생각 정리'의 두 갈래 길을 닦도록 도움을 준다. 그러면 신기하게도 사라져 버린 자신감이 나타나고 심지어 강해지기까지 한다. 신기하지 않은가. 자신감 없음은 비교와 낮은 자존감으로부터 출발한다.

두려움에 떨지 말고 자신 안에 있는 강함을 믿어라.

발음을 정확하게 해라. 자신감이 없는 사람은 발음이 부정확하기 마련이다. 발음을 정확하게 하는 것만으로도 자신감이 생긴다. 놀

이제는 스펙이 아니라 스피치다

랄 정도다. 이유 말하기를 연습하라. 그러면 자신만의 생각이 생기고 그 생각이 모여서 신념과 가치관이 된다. 신념이 확고하면 자신감더러 사라지라고 해도 어림없는 소리가 된다. 마지막으로 그 생각들을 모아서 자기 생각을 정리하라. 스킬 부분은 이것이 전부다. 그리고 만들어 낸 자신의 확고한 생각을 가지고 부단한 노력과 절망하지 않음으로 자신감 넘치는 사람이 되어 보자. 더 이상 숨어서 나올까, 말까 엿보지만 말고 멋진 당신의 그 당당함으로 자신이 살아나고 당신으로 인해 또 한 사람이 살아날 것을 기대하며 꿈꾸어라.

내가 스피치다
-말, 자존감

말하기를 통해 순수 자존감을 회복하는 9가지 질문.

말하는 것을 보면 그 사람을 알 수 있다. 말에는 힘이 있고 그 사람이 자신을 바라보는 태도와 인생에 대한 시선이 고스란히 녹아 있기 마련이다. 말하는 태도나 방법을 보면 그 사람의 자존감의 강도를 알 수 있다. 말끝이 흐려지거나 다른 이들의 눈치를 보며 우물쭈물하는 모습은 누가 봐도 자신감이 없게 보인다. 이럴 때 '할 말은 생각이 나는데 입 밖으로 나오지 않는 것'과 '이렇게 말해도 되나…?' 하는 것은 다르다. 전자는 말하는 방식만 배우면 몇 회기 코칭 후 거뜬히 말을 할 수 있는 반면에 후자는 자존감이 낮아서 자기 생각 자체에 자신감이 없는 것이다. 후자의 이런 모습은 어릴 적부터 바른 것, 맞는 것, 옳은 것만 해야 하고 틀리면 안 되며 잘못된 것이라는 것에 익숙해져서 나오는 행동이며 잔소리와 억압에 오랜 기간 눌려서 자신도 모르게 습관처럼 몸에 배어 나오는 행동이다.

자신감이 넘치는 사람은 설혹 다르더라도 자신의 주장을 말할 때 단호하며 머뭇거리지 않는다. 내 의견이 만약 적당하지 않거나 다수의 뜻에 반한다면 서로에게 유익이 되는 좋은 쪽으로 바로 수긍하고 순응하는 여유까지 있는 것이다. 뒤끝이 흐려지지 않으며 발음 또한 분명해진다. 모든 행동과 말하기는 자존감의 강도에서 출발한다. 나는 이것을 '말존감'이라 명명하겠다. 그러면 지금부터 자기 생각에 확신을 가지고 말할 수 있는 방법을 이야기해 보자.

다음 열거하는 물음에 끄적거리더라도 꼭 쓰고 분명하게 소리 내어 말해 보자. 쓰고 말해 보는 사이에 어느새 자신을 바라보는 눈과 신념 그리고 사고의 틀이 생기고 상황이나 생각을 분별하는 가치관이 자라며 자존감은 덤으로 상승할 것이다. 각각 최소한 세 가지 이상 쓰고 말하라. 진지하게 고민하고 답하며 이후를 기대하시라. 분명히 달라질 것이다.

하나, 내가 좋아하고 싫어하는 것은 무엇인가.
음식, 상황, 사람 등 아무거나 괜찮다. 짜장면을 좋아하거나 여럿이서 수다 떠는 것을 좋아하거나 혼자 있는 것을 좋아하거나 아무거나 아무 상황이나 말하면 된다. 중요한 것은 그것 또는 그 상황이나 상태 또는 그 사람을 왜 좋아하고 싫어하는지 그 이유를 쓰고 말하는 것이 관건이다. 각각 다섯 가지 이상 쓰고 이유를 말해 보아라.

둘, 내가 생각하는 나는 어떤 사람인가.

예를 들어, "나는 밝고 긍정적이며 재미있는 사람이다."라든지, "나는 조용하고 평화주의자이며 배려를 잘한다."라든지. 다른 사람의 평가가 아닌 오직 자신이 바라보는 자신의 성품을 세 가지를 단어나 문장으로 표현해서 쓰고 말해 보아라.

자신을 새롭게 바라보는 계기가 될 것이며 평소 생각하던 자신이 아닌 내면의 자신과 마주하게 될 것이다. 진정한 자신과 깊이 마주해 보아라.

셋, 다른 사람이 보는 나는 어떤 사람인가.

"너는 착해.", "너는 얄미워.", "너는 행동이 느려.", "너는 차분해." 등 부모님이건 누구이건 다른 사람에게 들었거나 들어 보지 않았더라도 '다른 사람이 나를 이렇게 생각할 것이다.'라고 하는 것을 쓰고 말해 보아라. 나쁘고 좋은 것은 없다. 그 이미지를 자신이 알고 있는 것이 중요하다.

넷, 나의 좋은 점은 무엇인가.

이 부분에서 자신의 자존감이 낮은지, 높은지 확연하게 드러난다. 자존감이 낮은 사람은 심지어 한 글자도 쓰지 못한다. 설령 쓰더라도 쓰는 자신이 너무 부끄럽고 인정하기가 힘들 것이다. 이유는 끊임없는 비교의 반복 때문이다. 가장 맛없는 감이 열등감이라 했던가. 좋은 점은 누구에게나 있으며 쓸모없고 못난 사람은 하나도 없다. 질문의 답은 어디까지나 주관적이고 자신이 쓰고 말하는 것이다. 정 생각이 나지 않고 못 쓰겠으면 가까운 사람에게 물어보아

이제는 스펙이 아니라 스피치다

라. 그리고 그의 대답을 받아들이고 인정해라. 자존감은 온전히 자신을 인정하는 것이다. 말하기 또한 그 자존감에 바탕을 두기에 자신을 좋게 바라보는 눈은 시선을 넘어서 능력이 된다.

다섯, 내가 잘하는 것은 무엇인가.

열 가지 질문 중 두 번째로 머뭇거리는 대목이다. 자존감이 낮으면 아무리 생각해도 잘하는 것이 없다. 이유는 나보다 잘하는 사람이 분명히 있다고 너무나도 분명하게 생각하기 때문이다. 쓰기를 머뭇거리는 수영을 조금 하는 자존감이 낮은 사람에게 "수영 잘하시잖아요. 그거 쓰세요."라고 말하면 대번에 이렇게 말한다. "수영요? 잘 못해요…. 배운 지 얼마 안 되었고 한참 더해야 해요…. 저보다 잘하는 사람 진짜 많아요." 박태환보다 수영을 잘해야 잘하는 것인가? 그렇다면 이 세상에 수영 잘하는 사람이 몇이나 되겠는가. 반찬 투정 안 하고 잘 먹으면 잘하는 것이다. 지각 한 번 안 하고 학교에 갔다면 잘하는 것이다. 자신을 과대평가, 과소평가하지 마라. 있는 그대로를 넓게 인정하여라. 잘하는 것이 넘쳐날 것이다.

이런 것도 쓰고 말해도 되냐고? 물론 가능하다. 물론이다.

여섯, 내가 성취한 것은 무엇인가.

대기업에 취업했거나 창업을 해서 성공 가도를 달리고 있거나 1등을 했거나 토익 만점을 받은 것 정도는 돼야 성취한 것이 아니다.

자전거를 못 탔었는데 노력해서 타게 되었다거나 줄넘기 2단 뛰기 10개를 성공했거나 깨우지도 않았는데 스스로 일어난 것도 성취한 것이다.

스스로 목적을 설정하고 이루어낸 것이 있다면 그것이 작고 큰 것은 아무런 의미가 없다. 스스로 선택하고 결정해서 노력해서 얻은 것이면 그것이 성취한 것이다. 작은 성취감을 자주 많이 느낄수록 마음은 더욱 건강해지고 자신을 바라보고 인정하는 크기가 커진다. 자녀를 키우는 부모라면 자녀들의 작은 성취에 찬사와 지지를 아낌없이 보내 주어라.

성적이 좋을 때만 칭찬하지 말고 노력하고 있는 그 모습을 결과와 상관없이 인정해 주어라. 그러면 살다가 어떠한 시련이 와도 이겨낼 힘을 얻게 될 것이다. 작은 성취감을 자주 맛보아라. 어느 순간 당신의 말에 자신감이 묻어 나올 것이다.

일곱, 하고 싶은 것은 무엇인가.

"하고 싶은 게 뭐예요?"

"없는데요. 생각해 본 적 없어요."

시도하지 않으면 얻는 것은 없다. 얻고 싶은 것이 없다면 시도하지 않아도 되지만, 이건 말장난이지, 이 세상에 하고 싶은 것이 없는 사람은 없을 것이다. 의욕이 없거나 미리 포기해버리기가 습관이 되어서 자신은 하고 싶은 것이 없다고 생각하는 것이다. 그런데 하고 싶은 것이 있는 사람, 즉 목표나 바라는 것이 있는 사람에게는 기운이 있다. 의지, 의욕이 있고 목적이 있기에 꿈꾸며 기대한다. 사람을 살리는 것은 희망이고 소망이다. 기운이 넘치고 눈빛이 살아있는 사람의 말에는 힘이 넘친다.

여덟, 사람이 살아가면서 가치 있고 중요하다고 생각되는 것은 무엇인가.

돈이라고 쓰고 말하는 데 머뭇거리지 마라. 물론 돈은 아주 중요하니까. 또는 가족, 친구, 직장, 친구, 여유, 배움, 소통, 배려, 행복, 사랑, 웃음 등 아무것이나 가능하다. 다만 이것 또한 자신이 생각하는 내용이어야 한다. 종교가 있다면 자신의 신념이나 종교를 어필할 수도 있다. 이 내용을 작성하면 자신의 삶에서 우선순위나 자신의 가치관 등이 엿보인다. 특히 이 부분은 열 개 정도 써 보기를 권장한다. 이유는 모든 자신이 하는 대화나 발표나 주장이나 결정이 이 배경에서 출발하고 연관되기 때문이다.

예를 들어, "사람은 이렇게 살아야 한다고 봐."나 "인간관계를 잘하려면 이렇게 해야 한다고 생각해."라든지 어느 순간 이 내용이 자신의 신념이나 가치관이 되는 것이다. 그러면 모든 말하기에 적용되며 말하기는 쉬워지고 의지는 분명해진다.

다시 한번 말하지만, 말하기의 기본은 자존감이다.

위의 여덟 가지 내용을 꼭 쓰고 말해 보아라. 파릇하게 쭉 뻗어 오르는 벼처럼 튼실하며 이후에 풍성한 열매를 맺는 분명히 변화된 자신과 마주하게 될 것이다.

내가 스피치다
-스피치는 심리다

'이상하네…. 내가 왜 떨리고 말을 못 하지?'

사업을 하는 A 씨는 40세의 나이에 편의점 두 개와 작지만 무역회사를 운영하고 있다. 4년 전에 결혼과 동시에 집도 샀고 몸과 눈에서 풍기는 그에 관한 느낌은 언뜻 보기에도 당차고 진취적이며 능력 있어 보이는 사업가의 풍채다. 이러한 모습에서 그가 여러 사람 앞에서 말할 때 떨며 말하는 모습은 상상하기 힘들다.

그는 한두 명이나 다섯 명 정도까지 앉아서 말할 때는 아무런 문제가 없이 잘하고 이야기를 주도하기도 하는데, 앞에서 발표하려고만 하면 이상하게 떨리고 머리가 하얗게 되는 것을 경험하게 되었다고 한다. 급기야 신경정신과에까지 다녀온 후 만족감이 없어 고민하던 중에 원인을 분석해서 스피치 문제를 해결하고 싶다며 필자를 찾아왔다.

상담 내내 그의 얼굴은 상기되고 이해가 되지 않는다는 말투로 따지듯 말했다. "원장님, 이해가 안 돼요…. 정말 다른 건 아무런 문제가 없는데 왜 발표할 때면 이런 증상이 나타나는지 알 수가 없어요." 그는 자신의 상태를 이해하지 못했고 받아들이기 힘들어했다.

"고칠 수 있을까요?"

"모든 것에는 원인이 있습니다. 그 뿌리를 막고 있는 걸 찾아서 걷어내면 건강한 열매를 얻을 수 있을 겁니다."

그는 의아해했다. '말하는 법을 가르쳐 달라는데 웬 뿌리? 웬 막힌 것?'이라는 눈치였다.

스피치는 스킬이 아니라 심리다.

대부분의 사람은 말하는 것은 기술이라 생각하고 서론-본론-결론을 맞춰가며 논리적으로 말하는 법을 가르쳐 달라느니, 자신이 재미가 없다며 유머러스하게 말하는 법을 가르쳐 달라느니, 발표할 때 떨리지 않게 도와달라느니 하며 필자를 찾아온다. 다시 한번 말하지만 스피치는 심리다. 생각해 보라. 흔히 정치인이나 목사님들이 말을 잘한다고 하는데 이유가 무엇일까? '확신'이다.

확신이 있어서 떨지도 않고 명확하게 강조하며 강하게 말하는 것이다.

말을 잘하고 못하고는 확신의 문제이면서 그 이면에 있는 해결되지 않은 심리적 요인들이 관건이다. 쉽게 이해되지 않겠지만, 마음의 문제를 해결하면 말은 저절로 나오고 떨리는 것과 머리가 멍해지는 것도 해결되며 여유 있는 인간관계까지 형성할 수 있다.

40세 사업가인 그분과 상담과 코칭을 통해 파악한 결과는 이렇다.

그는 형제와 부모님에게서 인정을 받지 못하며 자랐다. 학교나 사회에서는 공부도 잘하고 유능하다고 인정받는 사람이었지만, 유독 가장 따스함을 느껴야 하는 가족, 특히 엄마에게 인정받지 못했다. 그 문제가 그의 마음과 뇌를 막고 있는 것이었다. 이 부분을 해결해야 본인의 마음에 흡족한 스피치가 가능해진다. 어떻게 보면 다른 사람이 보기에는 아무렇지도 않은데 자신이 느끼기에 자기의 스피치나 행동에 만족하지 못하는 것이 적절한 진단이다.

어려운 시절, 지금의 70대 어른 대부분은 그의 부모에게서 칭찬과 인정을 많이 받았거나 칭찬하는 법을 배웠을 리 만무하다. 칭찬하면 자식이 교만해질까 봐 칭찬을 안 했다고 하는데 그 부분을 자식은 받아들이기가 힘든 것이다.

기질 테스트를 통해서 본 그는, 강해 보이지만 그 마음의 저변에는 풍부한 감성의 소유자이며 한없이 여린 사람이었다. 대개가 감성적인 가슴형 사람들은 칭찬과 관심, 사랑을 통해서 자신과 세상을 바라보며 가치를 규정짓는다. 그러한 이유로 부모에게서 인정받지 못했기 때문에 다른 사람들의 인정을 갈급하며 누구보다 열심히 살려 했던 것이다.

인정받기 위한 결과로 사업도 잘하고 젊은 나이에 여러 성과를 올리게 되었다. 그러나 무엇 하나가 아쉬웠던 것이다.

인정받지 못했던 것은 자존감의 낮음으로 나타났고 약한 자신의 모습을 감추려고 강한 페르소나(가면)를 쓰고 살아왔던 것이다.

이제는 스펙이 아니라 스피치다

그래서 누군가 자신을 무시하는 행동을 하면 자신을 방어하기 위하여 끝까지 자신이 손해를 감수하면서까지라도 보복하거나 마음에 담아두는 경향을 보이게 되었다.

스피치와 심리가 결합된 관점에서 해결점은 이러하다.

첫 번째, 당사자인 어머니에게 인정받는 말을 듣는 것이 가장 좋으나 여의치 않으면 가까운 사람으로부터 인정의 말을 듣거나 거울을 보고 "나는 괜찮다.", "나는 멋지다." 등의 말을 자신에게 하라.

두 번째, 상처받지 않기 위해 더 강하게 보이려고 했던 자신을 돌아보고 충분히 약하고 여린 모습을 인정하고 가까운 사람에게 토해내듯 보여 주어라. 감정의 정화를 말하는 것이다.

세 번째, 너무 똑똑하고 똑 부러지게 말하려고 애쓰지 마라.
너무 흠과 티 없이 잘하려고 하면 뇌는 멈춘다. 어물어물하며 말해도 진실하면 통한다.

네 번째, 장황하게 말하는 연습을 해라. 사실만을 말하기보다는 느낌과 감정, 분위기 등을 표현해 보아라. 아마 힘들고 어색할 것이다. 그러나 그 장황함이 풍부함을 만든다는 걸 명심하라.

다섯 번째, 그림 그리듯이 말하라. 네 빈째 방법을 활성화하는 방법이다. 상황이나 사물을 묘사하고 설명하여 상대의 머릿속에 그 모습이 그려지도록 말하라.

여섯 번째, 같은 말을 늘여서 더 오래 말하도록 연습하라. 깔끔하게 짧고 굵게 말하는 것이 스피치의 기본이나 이분의 경우에는 더 많은 단어와 문장으로 표현하며 말하는 연습을 해야 한다.

일곱 번째, "행복하다.", "따뜻하다." 등 여러 가지 느낌 표현을 통해 연상되는 단어를 적어 보고 에피소드 등을 말해 보라.

상처받지 않고 스마트해 보이려고 강하고 간단하게 말하려 하면 할수록 뇌세포인 뉴런은 다른 쪽으로 전기 자극을 보내지 않는다. 그러면 머리가 하얗게 되는 경험을 하게 된다. 운동하기 전에 스트레칭을 해야 하듯이 말에도 준비운동이 필요하다. 마음을 편하게 하고 뇌를 움직여 주어야 한다. 그렇게 되기 위해서 자신을 막고 있는 보이지 않는 마음의 쓴 뿌리들을 제거해 주어야 하는 것이다. 마음을 어루만지고 자존감을 높이며 확신이 있다면 말은 자연스럽게 나온다.

발표할 때 다른 사람의 시선이나 몸짓이 신경 쓰인다면 그 또한 심리적 이유다.

마음을 만져 주는 심리를 빼고 스킬만으로 스피치를 배우고 가르친다면 바닷가에 쌓은 모래성과도 같은 결과를 초래할 뿐이다.

내가 스피치다
-생각하라

생각하며 살자. 더 이상 자신이 사라지지 않도록.

면접은 언제나 당사자를 주눅 들게 만든다.

잘나고, 못나고를 떠나서 누군가가 자신을 유심히 바라보고 관찰당하고 평가받는다는 느낌은 그리 유쾌한 경험은 아니기 때문이다.

이러한 이유로 준비를 잘했건, 평소 생각이 꽉 차 있건 상관없이 불편하고 힘든 상황이 연출되는 건 어쩔 수 없을 것이다.

면접에 대비해 코칭해드리는 대부분의 면접 당사자들에게서 나는 종종 당황스러운 면을 발견한다. 공무원, 직장 면접을 코칭받는 성인이나 수시 면접을 대비하는 고등학생, 특목고를 준비하는 중학생 모두에게서 느끼는 건 '창의력의 부재'다.

면접에 웬 창의력이 나오는가 하고 의아해하겠지만, 면접은 답안이 있는 것이 아니다. 사람이 다르고 생각이 다른데 정답이 있을 리 만무하다. 이런 면이 창의력의 부재다. 면접은 그 사람을 보고 생각을 묻는 것이지, 정답을 말하라는 것이 아니다.

나를 아연실색하게 만든 것은 '면접 예상 질문집'까지 있다는 사실이었다. 물론 어떤 질문을 할지 모르니 두려울 것이다. 이해한다.

우리나라 사람들이 면접을 어려워하는 이유는 주입식 교육과 부모가 자식을 재단하고 간섭하며 그리하여 자식이 부모에 의존하게 되는 영향이 크다. 각자의 개성이나 창의력은 무시되고 규격에 맞춰지며 스스로 생각할 수 있는 공간과 여유가 자랄 수 없는 환경이다.

출제 예상 질문집이란 유령은 수학 문제집의 답안지와도 같다. 수학 문제를 풀다가 못 풀겠으면 답안지를 보고 싶은 유혹에 빠진다. 답안지를 보고 답을 써 놓고 이리저리 풀어 보고 정리한 문제를 보고 자신이 문제를 풀었다고 착각하게 되지만, 나중에 다른 유형의 문제가 나오면 풀지 못한다. 자기 것이 아닌 것이다. 전에는 학교나 직장에서 예상 질문이란 것이 없었다.

지원자들의 질문과 요구에 귀찮아진 학교나 직장에서 마지못해서 사이트에 올려놓은 것이다.

면접 대상자들은 그 문제만 풀면 면접에 성공할 수 있다고 생각하고 예상 질문에 답을 달고 정답을 보며 외우기에 이른다. 다른 질문이 나오면 어떻게 하나…. 안타까운 현실이다.

학교에서 체육 시간에 줄넘기를 한다면 어느 엄마들은 이미 아이를 줄넘기 학원에 보낸다. 초등학교 3학년부터 수영을 한다고 2학년부터 수영 학원에 보낸다.

남들보다 못할까 봐 두려운 것인가. 남들보다 잘하려는 것인가. 무엇이 중요한가.

언제나 정답을 말하고 미리 공부해서 답을 알고 있던 아이는 특목고 면접, 수시 면접, 직장 면접 그 어느 면접에서도 자신감이란 찾아볼 수 없는 좀비가 되어 있을 것이다.

나는 상담 코칭 현장에서 이런 사람들을 자주 만난다. 학생들의 경우 공부는 곧잘 하는데 나를 학교 선생님이라 생각하고 학생에게 질문을 하면 당황스러울 때가 있다. 예를 들어, 이런 경우다.

"왜 우리 학교에 지원하게 되었나요?"

학생은 대답을 못 한다. 왜 말을 못 하느냐고 물어보면 "엄마랑 선생님이 정했는데요!"라고 말한다.

그 학교가 어떤 학교인지, 하다못해 지원하는 학교가 어디 있는지도 모르는 경우가 허다하다. 여기에는 아이의 미래를 가장한 엄마의 욕심만 있고 최소한 학생 자신은 없는 것이다. 그런 학생이 면접할 때 자기 생각을 말한다는 건 어불성설이다. 나는 받은 수강료도 있으니 이런 친구들은 내가 대신 말을 해 주고 녹음해서 차라리 외우라고 한다. 답지를 주는 것이다.

그러면 엄마와 학생은 고마워한다. 그리고 나는 유능한 면접 전문 스피치 원장이 된다. 이게 뭔가.

아주 단순한 질문에서도 고민한다. 이유는 '내가 말하려고 하는 이것이 답일까? 면접관이 원하는 답일까?'를 고민하는 것이다.

예를 들어, "좋아하는 것이 무엇인가요? 음식이든, 상황이든, 사람이든 아무거나 말해 보세요."라고 질문했을 때 어물어물 한참을 뜸들이며 선뜻 대답하는 사람이 그리 많지 않다. 왜 말하기가 힘드냐고 물어보면 대부분의 사람이 이렇게 말한다. "제가 생각한 거 그냥 얘기해도 돼요?" 그럴 때면 나는 순간 절망을 맛본다.

면접이나 발표는 자기 생각을 말하는 것인데 이렇게 되어버린 이유는 창의력이 고갈되었고 부모님의 눈치를 보며 자신이 사라지고 생각은 무시되고 이것이 맞는 건지, 틀린 건지만 요구받았기 때문이다. 자신이 없다는 말은 자기가 없다는 말이고 자기의 생각이 없다는 말이다. 로봇이다. 면접의 목적은 시험으로 가려내기 힘든 당사자의 인성과 생각 등을 학교나 고용주가 보고 가늠해 보려는 취지에서 비롯된 것이다.

그러나 이런 면접에서조차 자기 생각이 없고 답안지를 외워서 말한다면 미래는 없다.

우리나라 사람은 똑똑하다. 그러나 미국 유수의 대학에서 입학 당시에는 두각을 나타내지만, 끝에서는 거의 보이지 않는 이유가 창의력의 부재와 자기 생각에 대한 확신과 만족감이 없어서이다.

틀린 건 잘못된 거고 무조건 맞아야 한다는 정답 불안증 때문이다.

오답은 없다. 실패는 없다.

모든 것은 가능하고 실패하고 좌절하고 절망하며 또한 그것을 견디고 이겨낼 때 사람은 성장한다. 쩨쩨하게 살지 말고 멋지게 살아 보자!

이제는 스펙이 아니라 스피치다

내가 스피치다
-주장 편

자신에 대한 신뢰가 없다면 자기주장도 없다.

"자신감이 없는지 손 한 번 못 들어요."
"뭘 물어봐도 꿀 먹은 벙어리 같아요."
"도대체 무슨 생각을 하는지, 답답해요."

학기 초가 되면 초등학생 학부모들의 전화가 빈번해진다. 공개 수업 때 마주한 내 아이의 자신 없는 뒷모습에 실망하고 손 한 번 제대로 들지 못하는 내 아이의 결단력 없음에 좌절한 학부모의 간절함이 묻어나는 문의 전화다.

"다른 아이들은 손도 번쩍번쩍 드는데, 왜 우리 아이는 손 한 번 제대로 못 들까요?"
"뻔히 알고 있을 텐데 왜 아는 것도 제대로 말을 못 할까요? 집에서는 말 잘하거든요."

자신감이 없어서 그런 것은 확실하다. 그런데 문제는 어떠한 이유로 그 자신감이 결여되었으며 집에서나 친한 두세 사람 정도와는 말을 곧잘 하면서 유독 여러 사람 앞에서는 주저하는 모습을 보이는가 하는 것이다. 이러한 부분은 당사자가 더 힘들고, 이해되지 않으며 불편할 것이다. 아이나 어른이나 자기주장을 제대로 피력하지 못하는 사람들은 대개가 착하다는 말을 자주 듣는 편일 것이다. 착하다고 하는 것은 다른 사람의 의견에 반대하거나 공격적으로 자기주장을 강하게 피력하지 않는 사람이다. 이렇게 착하다는 말을 어릴 적부터 자주 접하게 되면 상대의 의견에 반대하는 것은 '나쁜 것'이라는 생각을 갖게 만든다. 자신이 반대함으로써 상대가 불편해할 것이고 그러면 나와의 관계도 어긋날 것이며 자신에 대한 이미지가 훼손될 우려도 있기에 손을 들지도 않고 입을 닫으며 '내 생각은 달라!'라고 마음으로만 외친다. 평화가 깨지는 것을 원치 않기 때문이다. 한마디로 "좋은 게 좋은 것이다."라는 것처럼 말이다.

이러한 모습은 습관처럼 생각과 몸에 젖어 들어 사고와 행동 패턴을 형성하며 자신의 의지와 상관없이 자기 생각은 사라져 가고 결국 자기 생각이 있더라도 이것이 진정 나의 생각인지 불분명해지고 혹여 다른 사람들의 의견에 배치되는 것이라면 수면 아래로 내려 버리는 것을 반복하게 된다. 자기주장을 제대로 펴지 못하고 자신감이 결여된 이유 중 '자기 생각에 대한 모호함'은 자기가 생각한 것이 정답이라는 것을 확인했음에도 불구하고 손을 제대로 들지 못하고 주저하는 모습을 연출하게 되는데 이것은 오랜 기간에 걸친 학습이

이제는 스펙이 아니라 스피치다

습관이 되어 자신에 대한 신뢰감이 상실된 상태다. 이런 유형은 대개 칭찬을 받아 본 경험이 부족하거나 착하다는 식의 '잘못된 칭찬'을 받은 경우이다. 예를 들어, 누군가에게 무엇을 양보했을 때 어른들은 칭찬한다. 자기도 가지고 놀고 싶은 장난감을 어른들이 착하다고 하는 말을 듣고 싶어서, 아니면 자신이 장난감을 포기하는 것이 현재 상황에서 가장 평화로운 해결책이기에 마지못해 양보를 선택한 것인데 칭찬을 받게 된다. 어릴 적에 이러한 것으로라도 칭찬을 받으면 자신이 꽤 괜찮은 사람처럼 생각되고 이러한 선택들이 맞다고 여겨지게 되며 자기주장은 사라져 간다.

그렇다면 이것을 극복할 방법을 알아보자.

첫 번째, 시도하는 것을 격려하라.

시도는 도전이고 경험해 보지 못한 것에 한 발을 내딛는 것이다. 어떠한 것이라도 스스로 시도한 것에 대해서 적극적인 지지를 보내라. 이러한 작업은 모든 시도가 다 성공하는 것은 아니며 꼭 성공해야 할 필연도 없기에 도전하고 시도하는 것만으로도 대단한 것이라는 인식을 갖게 하여 손을 드는 시도와 함께 말할 수 있도록 돕는다.

두 번째, 나만 모르는 것이 아니다.

모두가 답을 알고 자기만 모르는 것이라 생각될 때 손들기를 주저한다. 답을 알지 못하기 때문에도 손을 들지 않지만, 답이라 생각되는 것이 있더라도 손을 들었을 때 혹시라도 자신을 시킬까 봐 들지 못한다. 이때는 '나만 모르는 것이 아니다.'라는 생각을 가지고 일단 손을 들어라. 당신을 시킬지, 말지는 선생님 마음이다. 혹여 틀린 답이면 '아니면 말고.'라는 마음을 가져라. '나만 모르는 것이 아니다. 다른 사람도 잘 모른다.' 뻔뻔함이 반복되면 용기가 된다.

세 번째, 내 생각은 다른 사람 것이 아니다.

자기 생각에 다른 사람의 의견이 들어오지 못하게 하라. 다른 사람이 나에게 말한 적도 없는 의견들이 내 생각을 저지시키지 못하도록 한다는 것은 성안에 적의 군대를 들어오지 못하게 하는 것과 같다. 지금 짜장면이 먹고 싶다면 다른 사람들이 모두 짬뽕을 먹겠다고 해도 짜장면이라 말하라. 이것은 고집이 아니고 평화를 깨뜨리는 일도 아니다. 대화는 외교와 같고 주장은 성을 지키는 것과 같다. 내 것을 지키고 가지고 있어야 타협할 여지도, 토론할 내용도 있는 것이다. 내 것을 분명하게 가지고 있는 것이 힘이다.

네 번째, 모든 것에 이유를 말하라.

이유 말하기는 스피치의 꽃이다. 이것은 자기 생각을 정리하게 하여 가치관을 형성하고 자기 생각을 더욱 확고하게 하여 주장을 할 때도 강하게 어필할 수 있는 힘이 생기도록 돕는다. 어떠한 것을 선택할 때나 주장해야 할 때 그것을 선택하고 주장하는 근거, 이유를 생각하고 말해 보아라. 어느 순간부터인지 모르게 당신의 눈은 빛나고 활기가 넘치고 말에 힘이 생기고 손을 번쩍 들고 있는 당신 자신과 당신의 자녀와 마주하게 될 것이다.

이제는 스펙이 아니라 스피치다

내가 스피치다
-마음 편

마음의 근육을 단련하고 마음 밭을 기경(起耕)하라.

마음이 불편하면 말이 좋게 나올 리 만무하지만, 마음이 여유롭고 편안하다면 말 또한 여유로우며 공감과 배려심까지 묻어나올 것이다. 또한 공격적인 대화에서는 그 안에 공간을 만들어 밖에서 들어오는 자극에 바로 반응하는 것이 아니라 거르고 선택해서 상처받지 않고 상처 주지 않도록 말을 하게 되며, 육체의 근육이 있으면 힘을 발휘할 수 있듯이 마음의 근육이 튼튼하면 좌절과 우울감에서도 회복하는 탄력성이 우수하게 되고 그것은 말과 표정을 통하여 분명하게 발현된다.

마음에 품은 생각이 말이 되고 그 말이 우리의 마음을 움직인다. 이처럼 사람의 입에서 나오는 말이란 마음의 지배 아래에 있기에 그 마음을 잘 다스리며 마음의 근육을 단련하는 습관 그 자체가 표현의 양식, 즉 그 사람의 말하는 방식이 되며 상대가 당신을 받아들이는 가늠자가 된다. 마음은 나를 안내하며 나는 그 마음을 통해 만들어진 선택과 다짐의 말로 만들어지고 그 말은 나를 표현하며 관계를 만드는 역할을 한다. 다시 말해서 마음이 나인 것이다.

마음은 성품의 영역으로만 치부되기도 하지만, 그때그때 처리해야 하는 말 또한 마음이 가는 대로 움직이기에 보낼 것과 보내지 말아야 할 것을 나누고 정리하는 것이 곧 말을 잘하는 방법이다. 뒤끝 없고 시원시원한 성격이라고 마음 내키는 대로 함부로 말했다가는 이도 저도 아니게 된다. 말은 어쩔 수 없이 나오는 재채기가 아니다. 하고 싶은 말을 다 하고 나면 시원하겠지만, 때와 장소 그리고 대상에 따라 어디까지나 구분해서 해야 한다. 그 구분을 잘하는 것이 말을 잘하는 것이며 그러하기 때문에 마음을 부드럽게 갈아엎어 기경하여 그 안에 좋은 씨앗을 심어야 한다. 거름 주고 물을 주면 이후에 튼실한 열매를 안겨 줄 것이라는 믿음처럼, 마음 안에 좋은 것을 품어라. 그러면 말은 너무나도 자연스러운 것이 될 것이다.

이러한 이유로 "향을 싼 종이에서는 향내가 나고, 생선을 싼 종이에서는 비린내가 난다."라는 말처럼 내가 마음에 품고 있는 것이 바로 나이기에 좋은 것을 품고 있어야 좋은 사람이며 그 안에서 나오는 말 또한 향기 나는 좋은 것이 나오는 것이다. 땅이 부드러우면 잡초가 잘 뽑히듯이 마음 밭을 기경해서 씨 뿌리기에 좋은 밭으로 늘 부드럽게 만들어야 나를 거칠게 하고 움츠리게 하는 것들에서 자유로워진다. 그것들이 제거되면 말은 부드럽게 나오며 여유가 생긴다.

이제는 스펙이 아니라 스피치다

어떤 사람은 말이 급하고 격하고 크며 반면에 어떤 사람은 차분하고 진중하다. 또 어떤 사람은 밝고 쾌활하며 어떤 이의 말은 우울하고 답답하다. 이러한 이유는 무엇인가. 마음이다. 마음이 이유다. 내 안의 상태에 따라 우리의 기분이 달라지듯이 말 또한 마음 안에 무엇을 담고 있느냐에 따라 퉁명스럽게, 아니면 활기 있게 나오는 것이다. 눈은 마음의 창이라고 했던가. 그렇다면 말은 마음의 표상이다. 그래서 말하는 걸 보면 그 사람을 알 수 있고 나아가 마음에 무엇을 품고 있는지도 알 수 있는 것이다. 이러한 이유로 우리 마음에 무엇을 품고 있는가는 중요한 문제이다.

먹으면 내 거다. 일단 먹으면 다른 사람의 것이 아닌 내 것이다. 마음 또한 먹는 것이다. 부정적인 것을 먹으면 부정적인 말이 나오고 긍정적인 것을 먹으면 긍정적인 말이 나온다. 소화가 돼서 걸러지기도 하겠으나, 그래도 먹은 것이 나온다. 좋은 것을 먹으면 몸이 건강해지듯이 마음과 생각에 유익한 것을 먹으면 성품을 따라 말의 톤, 억양, 색깔, 의미, 내용 등 모든 것이 변한다.

우리의 마음은 종잡을 수가 없어서 늘 행복하지도, 늘 우울하지도 않다. 그래서 노력하는 것이다. 밭을 조금만 돌보지 않으면 잡초가 자라듯이 마음 밭을 기경하는 것이 필요하다. 나대지에 잡초가 자란다. 누가 씨를 뿌리지도 않았는데 어느새 잡초가 무성하다. 화단이나 보도블록 사이에 있는 잡초를 뽑아 본 적이 있을 것이다. 딱딱한 땅은 뽑아내기가 힘들지만, 부드러운 흙에서는 뿌리째 뽑힌다.

우리 마음 안에 있는 자괴감, 우울감, 무기력, 자신 없음 등의 내 영양분을 갉아먹는 잡초가 생기더라도 툭 뽑아낼 수 있도록 늘 마음밭을 기경하자.

내가 진짜 나다울 수 있도록 마음을 관리하면 말은 저절로 잘하게 되는 것이다. 자신을 믿고 사랑하며 마음에 기쁨의 근육을 단련해라.

내가 스피치다
– 그렇게 살아라

자신의 말에 힘을 가지려거든 그렇게 살아라.

우리 몸은 우리가 먹은 대로 된다.

여러 나라를 여행하다 보면 각기 나라마다 특유의 향이 있다. 예전에 우리는 외국인을 보고 노린내가 난다고 했고 그들은 우리에게서 마늘 냄새가 난다고 했다. 필자가 17년 전 처음 신혼여행으로 태국 공항에 내렸을 때 맡았던 그 역한 냄새는 지금도 기억이 난다. 그러나 얼마 전에 갔을 때는 그리 도드라지지 않았다. 이유는 식생활이 변해서 각 나라의 음식을 고루 먹어서 서로의 향에 익숙해졌기 때문이다. 먹은 음식은 내 몸을 만들고 성격까지도 변화시키게 된다. 하루하루 반복해서 먹은 그 음식이 나를 만드는 것이다.

그것은 몸에 배어 있어서 느껴지며 몸 안의 모든 구조와 체질을 바꾼다.

운동 또한 마찬가지다. 팔굽혀펴기를 오늘 했다고 해서 갑자기 근력이 좋아지는 것이 아니다 일정 기간 이상 꾸준히 반복하는 자에게 근력과 넓은 어깨가 주어진다. 무엇이라도 반복적으로 하다 보면 그것이 쌓여서 나를 만들고 결과가 있는 것이다. 매일 반복하는 그것, 그래서 "나이 40이 넘으면 얼굴에 책임을 져라."라는 말이 있듯이 자신이 매일 반복하여 생각하고 선택하고 말하고 행동한 결과가 지금의 내가 된 것이다. 이러한 이유로 말을 잘하고 감동 있고 임팩트 있게 말하고 싶거든 잘 살아라.

말을 잘하고 싶거든 밝은 얼굴과 맑은 마음으로 매일 자신을 복종시키고 경계하며 지켜라. 그 흔적 없듯 지나온 삶이 지금 당신의 입에서 나오는 말이 되고 행동이 되며 인생이 된다.
그러므로 그렇게 살아라.

예가 좀 그렇지만, 흔히들 목사와 정치인 그리고 사기꾼은 말을 잘한다고 한다. 여기에서 말을 잘한다는 것은 상대를 홀릴 정도로 들었다 났다 하는 말솜씨를 부정적으로 본 이유 때문에 그럴 것이다. 물론 말을 잘하는 것과 존경을 받을 만하게 정치를 잘하는 것 또는 설교를 잘하는 것이 비례하지는 않으며 설교를 잘하는 것과 성도에게 미치는 선한 영향력이 함께 가는 것 또한 장담하지 못한다.

한번 생각해 보자. 그렇다면 그들은 왜 말을 잘할까. 그들은 목표가 분명하고 신념이 투철하며 진리는 하나라는 것을 확신하기에 무엇이든지 하나로 모으고 해석한다. 무엇에 대해 확신이 있다는 것은

이제는 스펙이 아니라 스피치다

모든 두려움을 없애고 설득력을 만들어 주며 말을 할 때 좌중을 압도하게 만든다. 정상적인 이성을 가진 사람이라면 입에서 나오는 말소리만으로 감동되지는 않는다. 말의 내용이 진솔하며 확신과 무게가 있으면 말하는 이와 듣는 이 모두 온몸과 혼이 반응하게 되어 있다. 그렇게 살고 있는가가 관건이다. 즉, 말을 잘한다는 것의 방점은 '그렇게 살고 있는가?'에 있다.

정치인과 목사 중에서 어떤 사람은 존경받지만, 어떤 이는 지탄받으며 조롱거리가 된다. 존경받는 분은 자신의 의지가 확고하고 믿음이 가기에 충분하며 자신이 말한 대로 그렇게 살려고 노력하는 삶이기에 그러하다. 또한, 성품이 좋기에 그 성품에 따라 말과 표정과 온몸에서 느껴지는 것이며 확신이 있기에 발음과 전달력 또한 분명할 수밖에 없다. 반대로 지탄받고 외면당하는 이들의 말은 그럴듯하나 사기꾼의 그것과 다르지 않아서 자기의 탐심대로 상대를 이용하는 마음이 있기에 듣는 이들의 영과 육이 분별하여 느끼는 것이고 따라서 그렇게 살지 않기에 받아들여지지 않는 것이다. 삶이 뒷받침되지 않는 말은 힘이 없고 울림 역시 먼 이야기다.

강연을 하는 강사 또한 마찬가지다. 어떤 강사가 "행복해지고 싶으시면 많이 웃으세요."라고 청중을 향해서 말하는데 정작 자신은 수심이 가득한 얼굴이라면 어떤 반응이 돌아올까. "너나 웃으세요."라는 말이나 안 들으면 다행일 것이다. 느껴지는 것이다. 사람의 기운이라는 건 힘이 세다. 예전에 시골 초가집을 보면 사람이 사는 집은 허름한데도 튼튼하지만, 사람이 살지 않고 오랫동안 비어 있는 집은 푸석거리며 서서히 무너진다.

사람의 기운은 보이지 않지만 느껴진다. 말을 하는 사람이 아무리 논리 정연하고 재미있는 사례와 멋진 목소리로 또랑또랑 말을 잘해도 느껴지는 그 사람의 기운에 따라서 그것은 의미를 상실할 수 있다.

진솔한 말에는 힘이 있고 경험한 사람의 설득력은 따라갈 수가 없다. 그 이유는 직접 내 앞에서 그 사건이 일어나는 것처럼 직접 경험한 그 사람이 설명해주는데 더 무슨 해석이 필요하겠는가. 이러한 이유로 말을 잘하고 싶으면 그렇게 살고, 경험하고, 느껴라.

강사 과정을 진행하다 보면 프레젠테이션 기법이나 발음을 정확하게 하는 법, 떨지 않고 잘 전달하는 법만을 배우려고 한다. 그것이면 다인 줄 알고 아이스브레이킹 기법이나 유머 등을 모으고 이야기를 구성하고 외우기에 급급하다. 말 잘하는 강사는 많으나 감동을 주는 강사는 적다.

"강의나 발표를 잘하고 싶다면 일단 그렇게 사는 것은 기본이고, 경험하는 모든 것에서 의미를 찾으려 노력하고, 모든 중점을 자신이 말하고자 하는 주제에 연결하라."

에이브러햄 링컨이 유명한 정치가가 된 것은 말을 잘해서가 아니

이제는 스펙이 아니라 스피치다

라 선한 신념과 그의 삶이 바탕이 되었기 때문이고 목사이자 흑인 해방 운동가였던 마틴 루터 킹 목사의 그 유명한 "나에겐 꿈이 있습니다(I have a dream)." 연설은 지금 읽고 들어도 가슴이 뛴다. 그 이유는 그 말 안에 그의 인생과 철학과 꿈이 녹아들어 있기 때문이다. 자기 생각이 분명하고 그렇게 살고 있는데 목소리가 작을 이유가 없고 혀가 짧지 않은 다음에야 발음이 정확하지 않을 까닭이 없다. 전하고 싶고 강조하고 싶은 것에는 힘이 실린다.

내가 스피치다
―습관 1 편

생각이 습관이 되고 품성이 되며 인생이 된다.

생각이 바뀌면 행동이 바뀌고,

행동이 바뀌면 습관이 바뀌고,

습관이 바뀌면 품성이 바뀌고,

품성이 바뀌면 인생이 바뀐다.

그리고 이 모든 것을 포괄하며 그 정점에 있는 것은 '생각'을 통한 '말'이다. 사람은 살아남기 위하여 자신을 안정된 상태에 놓이도록 끝없이 추구하고 발전시킨다. 이것은 본능이며 그 저변을 아우르는 것이 '생각'이며 '말'이다. 좋은 생각이든, 부정적인 생각이든지 간에 '생각'은 어느새 무언가를 선택하고 행동에 이르게 하며 습관이 된다. 이렇게 습관이 된 '말'은 자신을 지배하고 세포 하나하나에 각인되어서 기억되고 생각나게 하며 행동의 동기가 되어 그 사람이 되며 한 사람의 인생을 만들어 간다.

이제는 스펙이 아니라 스피치다

추위에 몸을 떠는 것은 생존과 직결되어 체온을 상승시키기 위한 본능에 기인하며 이것은 습관이라 볼 수 없지만 대화할 때 눈을 깜박이거나 다리를 떠는 행위는 불안함으로부터 자신을 보호하고자 하는 본능에 기인한 '습관'이다. 이처럼 자신을 불안한 상태나 자신이 무기력한 존재로 드러나는 것을 두려워한 나머지 자신을 보호하기 위하여 무의식중에 되풀이하는 것이 부정적 의미의 습관이며 말 또한 이 습관을 따라서 나온다. 자기도 모르게 나오는 것이다. 이것은 의도된 것이 아니며 이미 자동화 단계에 접어든 상태이다. 모든 상황에서 내 입에서 나오는 말은 지나오며 축적된 경험을 반영하며 가장 안전한 방향으로 자신을 이끌고 간다.

긍정적인 말이든, 부정적인 말이든 그것은 자신과 마음을 보호하기 위한 수단이며 습관의 형태로 나타난다. 그러한 이유로 자신이 평소에 어떤 식으로 말을 하는가를 관찰하고 인지하다 보면 자신의 모습이 보이고 삶의 궤적이 선명해진다. 사람은 습관에 따라 생각하며 습관에 따라 말하고 습관에 따라 행동한다. 즉, 자신의 한계치를 경험하기 전 단계에서 습관을 활용하여 어려움이나 불가능함, 당혹스러움에서 벗어나 자신의 모습이 적나라하게 드러나는 두려움에 들어가지 않도록 한다. 그래서 늘 하던 방식대로, 즉 편한 대로 흘러간다는 것이다. 이 또한 자신을 끌어안고 살기 위함이다.

컴퓨터에는 저장해놓은 것만이 출력되며 저장되지 않은 것은 나오지 않듯이 나에게서는 내 머릿속에 저장되어 있는 것이 나온다.

그것은 습관의 옷을 입고 있다. 사람은 익숙한 것을 떨쳐내기가 어려운 존재이며 안정감을 잃어버리는 두려움에서 벗어나기가 좀처럼 쉽지 않다는 것을 인정해야 한다.

이처럼 습관은 일정 시간 반복하여 내 몸과 머리에 안착되어 안정화 또는 자동화된 수행을 말하며 의도적인 반응이 아닌 무의식중에 튀어나오며 자신에게 있어서는 지극히 자연스러운 행위이지만, 정작 자신은 자기 습관에 대해 인지하지 못하는 경우가 많다. 위에서 언급했듯이 사람은 자신의 안위와 안정적으로 살아가기 위해서 습관을 활용하며 이 이유로 인하여 습관을 바꾸기가 어려운 것이다.

그러나 습관이 꼭 부정적인 측면만 있는 것은 아니다. 웃는다거나 감사의 표현을 하는 좋은 습관은 만족스러운 인생을 가져다주며 그 인생에 힘을 더하며 온 삶을 아우르는 막강한 습관이다. 그것을 가능하게 하는 것은 바로 '좋은 말'이다. '말'은 의사소통을 하고 관계를 맺게 하는 유용한 도구임과 동시에 한 사람의 행동 방향과 성품 그리고 인생을 결정짓는 말로 다 할 수 없이 중요한 척도이다. 이러한 이유로 '말'의 중요성은 두말할 나위가 없으며 말 한마디로 사람이 죽고 사는 일이 생기는 것이다. 이유는 말은 기억되고 생각나게 하며 힘을 제공하기 때문이다. 우리가 이미 알게 된 사실은 그 '말'을 결정짓는 것은 '마음'이라는 것이다. 그렇다면 마음은 무엇이 결정짓는가.

이제는 스펙이 아니라 스피치다

"향을 싼 종이에서는 향내가 나고, 생선을 싼 종이에서는 비린내가 난다."라는 말처럼 내 마음에 무엇을 담고 있는지가 중요하며 그것이 '마음'이 되고 '생각'이 되며 '습관'이 되고 자신이 된다. 마음에 선한 것을 품고 인생의 모든 것에 감사하라. 이 또한 습관이며 인생을 아름답게 하고 풍요롭게 하는 더할 나위 없이 좋은 습관이다.

모든 것에 기뻐하고 감사하며 힘을 주는 말을 하라.

당신의 입에서 나온 그 '말'은 당신의 세포에 박히고 당신과 함께 있는 이들이 기억한다.

사람은 기억을 먹고 산다. 그 기억을 결정짓는 것이 말이고 그 말은 살아갈 힘을 제공한다.

인생을 풍요롭게 살고 싶다면 살리는 말을 하는 좋은 습관을 지녀라. 좋은 말을 하는 그 순간 당신이 살고 모두가 산다. 좋은 생각과 좋은 말은 달콤한 초콜릿과 같다.

내가 스피치다
-습관 2 편

생각이 말이 되고 습관이 되고 습관이 인생이 된다.

내가 지금 생각하고 선택하고 결정하고 말하고 행동하는 것이 나의 습관이 되고 인생이 된다.

한 사람이 마음에 담아 떠올리고 생성해낸 생각은 그 사람의 얼굴을 만들고 말을 만들며 그 말은 습관이 되고 말의 습관을 통하여 인생이 만들어진다. 다시 한번 말하지만, 생각이 습관이 되고 습관은 인생을 만든다. 우리가 어떠한 습관을 선택하느냐에 따라서 그것은 우리 인생에 재앙이 되기도 하고 복의 통로가 되기도 할 것이다.

사람은 습관을 따라서 말하며, 습관을 따라서 선택하고, 습관을 따라서 결정하며, 습관을 따라서 사람을 대하고 살아간다.

카페인에 중독된 사람이 커피를 한 잔 마셔야 조리개가 열리듯이 눈이 떠지고 정신을 차리는 것처럼 그것이 우리에게 유익한지, 무익한지에 상관없이 우리 몸과 마음은 익숙한 것에 지배를 받는다. 습관은 익숙해진 이후에는 중독이 되며 담배를 끊기 힘든 것처럼 한번 우리 몸과 마음에 장착된 습관은 사라지기 어렵다. 자유분방하며 진취적이고 개방적인 태도를 견지하는 사람이라 할지라도 무엇이든지 수용하는 것은 아니며 자신이 살아오면서 경험하고 선택하여, 마음과 몸에 박힌 문신처럼 확실한 습관을 따라 자신만의 틀과 생각의 결정체인 가치관을 기준으로 판단하며 말하고 행동한다.

습관은 생각을 통해 생성되고 유지되기에 이러한 생각의 형성 과정으로 인한 습관에 따른 현상의 논의와 연구는 중요하다. 그 이유는 좋은 생각을 통해 형성된 습관과 부정적인 생각을 통해 생성된 한 사람의 습관이 자기 삶의 질뿐만 아니라 가까운 다른 사람의 행복에까지 영향을 미치기 때문이다.

한 걸음 더 나아가 우리가 한 사람의 생각이 습관으로 굳어지는 현상을 간단하게 바라보지 말아야 할 이유는 이것이다. 우리는 혼자 살아가는 인생이 아니라 연결되고 연결 지어지며 관계의 끈을 끊고 살아갈 수 없는 존재라는 측면에서 습관은 한 사람의 인생뿐만 아니라 함께 살아가는 모든 사람의 인생에 영향을 미친다.
부부가 그러하고 가족이 그러하다.
우리는 자신의 마음을 자기 의지대로 자기 입을 통해서 말한다. 이것은 자유이며 누구도 그러한 행동에 대해 이의를 제기하지는 못한다. 하지만 자신은 자유 의지로 한 말이라 할지라도 오랜 습관을 따라 공감과 배려가 생략된 한 사람의 생각과 말은 누군가에게 씻을 수 없는 상처로 남는다. 말은 생각의 형태이며 그 말의 반복은 습관이 되기에 가까운 사이일수록 반복적으로 그 말에 노출된다면 그 말을 듣는 사람도 생각이 고착되고 상대의 습관화된 언행을 그대로 학습하게 될 확률이 높다.

술 마시며 주정하는 아버지가 너무나도 싫었지만, 어느새 자신도 그런 아버지와 똑같아진다는 사례는 생각이 습관이 되고 그 습관이 가까운 다른 이에게까지 영향을 미친다는 것을 방증한다.

자신은 뒤끝이 없다며 습관에 따라 말을 거침없이 한다면 가끔 브레이크를 잡아라. 뒤끝 없이 습관처럼 내지른 말이 상대방이 마음에 박혀 상처가 되고 급기야 영혼을 망가뜨릴 수도 있다.

부모의 생각과 표정과 말이 밝으면 자녀들의 자존감은 높아지며 건강하고 밝게 성장한다. 반대로 부모의 생각이 늘 부정적이고 말의 습관이 강하고 거칠면 자녀들은 불안하고 불만이 쌓인다. 가족이 자주 함께 웃고 행복한 생각을 하고 사랑의 말을 하는 습관을 만들어라.

생각이 말이 되고 습관이 되고 인생이 된다.

이것은 진리다.

이제는 스펙이 아니라 스피치다

내가 스피치다
-대화 편

말이 곧 그 사람이다.

대화는 어떻게 해야 하는가?

대화는 일방통행이 아니라 주고받는 것이며 상대에 대한 나의 관심을 표현하고 관계를 유지하고 삶을 풍성하게 만드는 인간만의 도구이다.

이 유용한 스킬을 잘 활용하면 인간관계에 더없는 도구이지만, 사용법이 서툴다면 본인의 의지와 상관없이 서로에게 어이없고 당황스럽고 불편한 상황을 초래할 수도 있다.

말은 곧 그 사람이다. 말하는 태도나 내용을 보면 그 사람의 성품과 인품의 수준까지 엿볼 수 있다. 이것은 입력한 것만 나오는 것처럼 정직하며 그 사람의 인생과 성품이 말이 되어 나오는 것이다. 그만큼 '말'에는 말 그 자체뿐만 아니라, 생각 등 비언어적인 요소들까지 포함하기에 대상의 마음과 관계를 움직이는 힘이 있다.

이 물음에 대한 답들은 품성, 매력, 대화 스킬 등 무수하게 많겠으나 여기에서는 직접적으로 대화를 풀어나가는 방법을 위주로 이야기해 보고자 한다.

"대화를 잘하려면 그 분야에 관해서 많이 알아야 하죠?"
"책을 많이 읽어야 말을 잘하겠죠?"
"대화 중간에 끼어들기가 힘들어요."
"어떻게 말해야 잘하는 건가요?"

결론부터 말하자면 책을 많이 읽고 많이 알면 이야깃거리가 풍부할 수는 있겠으나 늘 그 분야에 해박한 사람과 대화하는 것이 아니니 자신의 무식함을 탓할 필요는 없다. 대화는 주고받음이고 경청과 배려가 수반되어야 한다. 또한, 모르는 건 부끄러운 것이 아니다. 사람은 아는 것보다 모르는 것이 더 많다. 당연한 것이다.
그때는 호기심을 가지고 질문하면 된다.
대화는 이끌어가는 것이 아니라 주고받는 것이다.
중요한 것은 '자신이 정의하는 생각의 틀'이 있어야 한다는 것이다.

'자기가 자신을 어떻게 생각하는지?'
'자신의 좋은 점은 무엇인지?'

각자의 주제에 자신만의 정의를 가지게 되면 말도 잘하고 대화도 물론 잘하게 된다. 자신의 것만을 주장하는 고집스러움이 아닌 여

이제는 스펙이 아니라 스피치다

유가 생기는 것이다. 한마디로 자신만의 가치관이나 세계관이다.

이 기준에 의하여 규정하고 대화하며 토론하고 결론을 도출하는 것이다. 자기 생각이 없다면 그야말로 대화에 낄 수 없을 뿐만 아니라 끌려갈 것이며 자칫 자신은 평화주의자인 양 생각할 수 있으나 상대는 이미 당신의 의견 따윈 안중에 없을 것이다. 왜냐하면 당신은 당신만의 생각이 없고 상대의 의견에 순응할 것이기 때문이다.

그렇다면 어떻게 하면 대화를 잘하는 것인지 알아보자.

첫 번째, 설교는 대화가 아니다.

대화는 상대를 가르치거나 혼자서 주도적으로 이끌어 나가는 것이 아니다. 말을 혼자서 많이 하는 것은 상대를 지루하게 할 뿐만 아니라 그렇게 대화한 상대는 다시는 당신과 이야기하고 싶어 하지 않을 것이다. 아무리 해 주고 싶은 말이 많아도 아껴라. 당신을 보며 맞장구치고 감탄하는 듯이 하는 것에 속지 마라. 나이가 많거든 더욱 그리하라.

외톨이가 되고 싶거든 혼자서 말을 많이 하라.

설교하듯 하는 대화는 자칫 지적하게 되고 공감과는 멀어지며 상대의 감정을 잘 읽지 못하여 마음과 입의 문을 닫게 만든다.

두 번째, 공감은 대화의 핵심이다.

경청이 공감이다. 경청은 상대의 말을 들어주는 것만을 의미하지 않는다. 경청은 온 마음으로 상대를 받아들이고 공감하여 그대로의 모습을 인식하는 것이다. 그러기 위해서 고개를 끄덕인다든지, 추임

새를 넣는다든지 하면서 계속해서 내가 당신의 말을 듣고 있다는 것을 표현해 주는 것도 포함된다. 집중하는 것이며 상대로 하여금 자신의 존재를 귀하게 여기기까지 느끼게 해 주는 것이다.

또한, 공감은 알아주는 것이다. 상담 기법의 최고봉은 공감이다. 부부가 왜 다툴까? 자기 마음을 알아 달라고 다투는 것이다. 부모와 자녀도 공감이면 충분하다. 이처럼 대화는 공감의 표현이며 수단이다. 자신의 경험을 동일시하여 그럴 수도 있다느니 뭘 그런 거 가지고 그러느냐느니 이런 말 하지 마라.

깊이 있는 공감은 상대의 마음을 열게 만든다.

세 번째, 대화의 주제는 모두의 관심사가 좋다

필자가 전투 방위 복무를 하던 시절(1994년 73사단은 전투 방위 맞다), 후임병이 소개팅을 했는데 유격 훈련받은 얘기며 군대 이야기만 하다가 애프터 없이 끝난 일이 있다. 당연하다. 상대는 관심도, 흥미도 없는 이야기를 혼자 신나서 하면 상대는 대화에 참여는커녕 앉아있는 자체가 힘들어지게 된다. 여러 명이 대화를 이어나갈 때도 한 가지 주제로만 계속 주거니 받거니 한다면 분명 아무 말 없이 소외된 사람이 있게 마련이다. 그때는 조용히 듣기만 하는 그 사람에게 질문한다든지 다른 주제로 방향을 돌리는 것 또한 센스 있는 대화 태도이다.

네 번째, 스스로 선택하고 결정하라.

면접 코칭을 진행하다 보면 참으로 난감한 경우를 많이 본다.

이제는 스펙이 아니라 스피치다

"왜 간호사가 되려고 하나요?"라는 질문에 "…주위의 권유에 의해서…"라고 말하는 사람이 있지를 않나, 도대체 자기 생각이라고는 하나도 없는 듯 보이거나 자기 생각에 대한 확신이 없는 경우가 허다하다. 그래서인지 그들은 생각을 말하라는 것에 대한 두려움이 많다. 그 이유는 지금까지 자기 생각을 말할 기회가 없었기 때문이다. 부모님이 언니가 오빠가 모든 것을 해 주고 결정해 주었기 때문에, 생각하고 스스로 선택하고 결정해서 행하고 이루어낸 그런 경험이 없기 때문에 자기 생각을 정리한다는 것이 막연한 두려움인 것이다.

다섯 번째, 대화의 질은 관계의 질이다.

말은 곧 그 사람이며 거울이다. 일방적으로 발표하는 방식이라면 서론-본론-결론 등 자기 생각을 피력하는 데 골몰하며 부드럽고 강하게 이끌어 가야겠지만, 대화는 이끌어 가는 것이 아니다. 그렇다고 끌려가는 것도 아니다.

그야말로 대화는 마주 보며 확인하는 일상이다.

당신은 어떤 스타일로 대화하는가. 자신은 잘 모를 수 있으니 가까운 사람에게 물어보아라.

지적하며 "내가 해 봤는데…" 하는 식의 대화는 상대를 피곤하게 하며 질문 화법이 좋다고 여겨서 끊임없이 질문만 하면 상대가 취조당하는 느낌이 들것이다.

또한, 자기 말만 하는 사람은 어디에서도 환영받지 못한다는 걸 명심하라. 대화의 질은 관계의 질이다. 들어 주고 공감해 주며 적당한 피드백은 대화를 넘어 관계를 끈끈하게 만든다.

 여섯 번째, 대화는 양보다 질이다.

 뻥튀기를 많이 먹으면 배부르면서도 헛헛하다. 차라리 알찬 닭 한 마리가 좋다. 상대의 여러 말이 기억되는 것이 아니라 한 마디가 뇌리에 꽂힌다.

 이것은 강의를 직업으로 하는 나에게는 꼭 필요한 조건이다. 여러 말보다 꽂히는 한 마디 말이다.

 대화는 주도적으로 이끄는 것이 말을 잘하는 것이 아니라 서로 잘 듣고 서로 조정하여 자기 생각을 어필하는 것이다. 그 과정에서 대화는 상대에 대한 관심에서 출발하며 관심의 표현은 '질문'의 형태로 표출된다. 상대가 누구이건 간에 두 가지 이상의 질문을 하는 습관을 가져라. 여기에서 "언제 결혼할 거야?" 같은 자신은 관심 어린 질문이라 생각되나 상대는 대답하기 곤혹스러운 질문은 안 하느니만 못한 질문이니, 입을 다무는 편이 낫다. 그렇다면 관심 어린 이어지는 대화는 어떻게 해야 하는가? "학교 어디 다니니?", "전공이 뭐야?"처럼 연결 지어 관계되는 질문을 하게 되면 상대가 답할 것이고 그러면 "건강하시죠?", "네.", "식사하셨어요?", "네."처럼 말이 끊어지는 막다른 길 같은 대화가 아닌 관심이 묻어나는 대화로 이어지게 된다. 또한, 질문은 "김 대리, 오늘 파란색 넥타이 어울리는데? 어디서 샀어?"처럼 관심 어린 칭찬으로부터 느낌 질문으로 이어져도 좋다. 그렇게 되면 대화를 넘어서 관계가 부드러워지며 상대방은 당신을 배려가 넘치고 자상한 사람으로 기억할 것이다.

이제는 스펙이 아니라 스피치다

다시 한번 말하지만, 말은 그 사람이다.

말을 잘하고, 대화를 잘하고 싶다면 삶을 바라보는 당신만의 시선을 정하라. 그리고 거기에 사랑을 담아라.

내가 스피치다
—감성 편

감성은 시를 쓸 때만 필요한 것이 아니다.

'자극이나 변화의 느낌을 외부로부터 받아들이는 성질'이라는 면에서 감성과 감수성은 함께 쓰인다. 나는 스피치 코칭을 할 때 '느낌'이라는 단어를 빈번하게 사용하는데 그 이유는 상황이나 분위기 또는 개념 등을 전달할 때 상대가 잘 이해하고 따라오는지 나름대로 체크하기 위함이다. 그런 면에서 다분히 나란 사람은 '느낌적인 느낌' 하면 말이 통할 정도로 사람들이 흔히 말하는 감수성이 예민하거나 감성이 풍부한 사람이다. 상대가 나와 같은 기질이면 이해도가 빠르지만, 이성적이거나 머리형인 사람은 그 사람처럼 논리적인 태도가 되어서 이해 위주로 차근차근 설명해 주어야 한다.

말을 잘한다는 것은 일방통행이 아니다. 나의 기질대로만 말하는 것이 아니라 상대가 어떤 사람인지, 대화의 내용은 무엇인지, 지금 분위기는 어떠한지를 간파하여 그에 걸맞은 멘트를 해야 하기에 흔히 '눈치'라고 말하는 '감성'은 스피치에서 필수 조건이다.

'느낌', '감성'은 중요하다. 식당에 가도 분위기나 종업원이 자신을 대하는 느낌으로 음식을 맛보기 전에 이미 그 집에 대한 평가가 끝나며 사람을 대할 때도 마찬가지다. 즉, '느낌', '감성'은 아마 모든 판단의 기준이라 해도 과언이 아니다. 사람들은 이성적으로 판단하는 것 같으나 감성적으로 결정한다. 따라서 말은 내용도 중요하지만, 느낌을 잘 전달해야 온몸과 온 맘, 뇌와 가슴으로 이해할 수 있는 것이다. 사람인 상대하는 모든 직업은 서비스직이라 해도 과언이 아니다. 사람의 마음을 움직여야 목적을 이룰 수 있기 때문에 그러하다. 그러기에 느낌과 공감이 살아있는 감성적인 언어 구사는 모든 직업인의 필수 능력이 되어야 한다.

그렇다면 감성 능력, 감성 지능을 향상할 수 있는 방법은 있는가. 물론이다.

스피치 코칭을 할 때 발음이나 요약, 발표 능력도 중요하지만, 자존감의 정도와 감성 능력 테스트는 첫 시간의 중요한 체크 사항이다. 이유는 두 가지의 정도에 따라 말하는 능력 레벨을 어느 단계부터 시작해야 하는지 결정할 수 있기 때문이며 '자존감'과 '감성 능력'은 스피치의 전반을 통해 펌프질하고 힘을 제공하는 엔진과 같이 중요한 요인이기 때문이다. '자존감'이 낮은 사람은 '자신감이 부족해서 말을 잘 못 하는구나.' 하고 그나마 생각하는 데 반해 '감성'이 풍부하지 않지만 자존감이 높다고 생각하고 일하는 데도 추진력이 있고 사람을 대할 때도 부끄러움이나 거리낌이 없는 사람은 왜 자신이 사람들 앞에 서면 어느 순간 막히고 말을 잘 못하게 되는지 처음에는 난감해하며 이해하지 못한다. 감성 능력은 대니얼 골먼이 『EQ 감성지능』에서 언급했듯이 인간관계의 중요한 요인이다. 대니얼 골먼이 『EQ 감성지능』 이후 『SQ 사회지능』을 펴낸 이유도 이것이다.

자존감이 낮은 사람에게서 감성 능력을 찾아보기 힘든 이유는 어릴 적부터 칭찬과 인정을 많이 받지 못했거나 성취 경험이 적은 나머지 자신을 주체로 인정하는 힘이 약해서 자신이 느끼는 감성의 느낌을 제대로 인식하지 못하는 데서 기인하며, 감성 능력 또한 어릴 적부터 사랑과 충족, 만족감을 느끼는 횟수가 현저하게 낮아서 발생한 것이다.

이러한 문제를 해결하는 방법은 '성취감과 만족감을 느끼는 것과 느낌 단어의 연상 효과'로 호전되며 더불어서 마음이 살아나고 말도 잘하게 된다.

코칭에 들어가서 감성 능력 향상을 위해 '따뜻하다.', '행복하다.' 등의 느낌 단어가 적힌 카드를 이용하여 '느낌'을 물어볼 때 놀라운 것은 자신의 느낌, 그때 그 상황에서의 느낌을 잘 감지하지 못하고 표현하지 못하는 사람이 의외로 많다는 것이다.

짜증 나는지, 우울한지 등 자신의 기분을 안다는 것에서 자존감의 강도는 출발한다. 예전에 우리는 감정을 표현하는 것을 경박스럽다고 교육받아서인지 감정 표현에 어색하다. 그리고 슬픔이나 우울함 같은 감정은 나약하거나 부정적인 것으로 생각했다. 부정

이제는 스펙이 아니라 스피치다

적인 감정을 애써 외면할 필요는 없다. 자신에서 일어나는 감정 상태를 그대로 말이나 글로 표현해 보는 것은 감성 지능 향상에 도움이 된다. 너무 비약적인 것 같지만, 자기의 느낌이나 상태를 제대로 느끼지 못하고, 표현하지 못하는 사람은 주도적인 삶을 살지 못하고 선택을 힘들어하며 늘 끌려다니는 인생을 살게 될 뿐만 아니라 자신의 주장을 제대로 말하기도 힘들어진다. 느낌을 잘 모르고 감성 능력이 발달하지 않으면 말하기와 대인관계에 어려움을 느낄 뿐만 아니라 우유부단하고 자존감 형성에도 좋지 않은 영향을 끼칠 수 있다.

"이렇게 하면 느낌이 어때요?"
"지금 어떤 기분이 들어요?"
"그랬을 때 느낌이 어땠어요?"
"그때 어떤 생각이 들었어요?"

기분을 알아차리고 표현하는 것은 스피치의 기본이고 감성의 발달은 공감 능력의 시작 단계이다. 이 단계를 딛고 일어서야 스킬이 들어가고 상호교류가 이어진다. 상대가 어떤 말을 하거나 행동을 했을 때 그 이면에 흐르는 감정 상태를 잡아낼 수 있다는 것은 그런 기술이 없는 사람에겐 일종의 능력과 마찬가지이다. 아이를 키울 때도 '감정 상태를 물어보는 것'은 아이의 감성 지능 향상과 정서 발달에 더 없는 효과가 있다. 사람의 뇌는 질문이 들어오면 그 정보를 도출해내기 위하여 순식간에 그 길을 형성하기 때문이다. 즉 한 가지 생각만 골똘히 하고 있으면 그 일을 잘하는 것과 같은 이치다. 그런데 '생각이 든다.'라는 것과 '느낌을 갖는다.'라는 것과는 조금 차이가 있다. 생각은 논리고, 느낌은 가슴이다. 물론 느낌 또한 머리지만, 표현하자면 그렇다.

눈치가 빠른 것처럼 분위기를 직감적으로 읽어내는 것과 상대의 마음을 공감하는 능력은 인간관계에서 꼭 필요한 부분이고 스피치의 기본이다.

"밥 뭐 먹었어요?"라고 상대가 물어올 때 "집에서 밥 먹었어요."라고 말한다면 그 이면의 생각은커녕 말의 핵심도 파악하지 못한 것이고 대화도 단절된다. 이럴 땐 밥의 종류, 즉 무엇을 먹었는지, 반찬은 무엇이었는지에 대한 답을 해야 맞다. 이런 간단한 대화에서도 감성적인 부분이 있는 것과 없는 것은 확연한 차이를 갖는다. 사람의 마음을 간파하여 그의 필요를 알고 기분까지 상승시켜 줄 수 있다면 최고라 할 수 있을 것이다.

강의를 들을 때나 설교를 들을 때 청강자들의 웃음 코드는 '공감'이다. 공감이 되었다는 것은 화자와 청자의 마음이 일치했다는 것이고 경험의 교차점이 있다는 것이다. 대화하고 있는 사람들의 교집합, 의식의 정도, 분위기까지 생각하여 말하는 것. 이것이 감성 능력이다.

이제는 스펙이 아니라 스피치다

감성이 풍부한 사람은 자신을 사랑하며 나약하지 않다. 자신과 상대의 감정까지 잘 파악할 수 있기 때문에 위로자이거나 건강한 자존감을 가진 자이다. 이제 느낌을 물어보라.

기분을 말하고 감성을 일깨워라.

놀라운 경험을 지금 시작하라.

내가 스피치다
–감수성 훈련 코칭 편

① 감수성 훈련 1-감수성 훈련에 들어가며

예전에 대니얼 골먼의 『EQ 감성지능』을 읽고 난 후 많은 이에게 권했다.

사람의 온 인생에 있어서 공부보다 중요한 것이 있고, 돈이나 명예보다 중요한 것이 있다. 바로 '감성 지능'이다. 어찌 보면 사람이 살아가면서 자신과 타인의 삶을 풍요롭게 해 주는 역할을 하는 것이 '감성'이다.

얼마 전부터 정부나 기업에서 '소통'이라는 말이 화두가 되었고, 모든 원인을 소통에서 찾으려 하였다. 맞는 말이다. 부부, 자녀, 기업, 국가 할 것 없이 모두가 이제 '소통'의 어려움을 겪고 있다. 그것은 언로가 막혔거나 이기주의가 팽배해서가 아니다.

철저하게 개인으로 돌아가야 한다.

'감성 지능'이 '소통 지능'이다.

이해하는 것이고, 동감하는 것이고, 공감하는 것이다.

사전적인 의미는 조금씩 다르지만, '상대의 마음을 헤아려 내 마

이제는 스펙이 아니라 스피치다

음 안에서 이해하고 느낀다.'라는 의미에서는 하나다. '소통'의 문제이
건, 무엇이건 간에 '감성 훈련'은 누구나 꼭 짚고 넘어가야 할 과제이
다. 스피치를 잘하는 비결은 '감성 지능'에서 나온다.

상대의 미묘하게 흐르는 감정 상태를 알아차려야 하는 것이다.

또한 그곳의 분위기, 사람들의 기운, 눈빛들을 느낄 줄 알아야 하
는 것이다.

자신이 무슨 말을 무심코 했는데 모인 사람 중 누군가가 계속 눈
에 들어오고, 신경이 쓰이고, '내가 한 말에 저 사람이 상처받았나?',
'내가 한 말이 재밌나?'라는 식의 느낌이 든다면 감성 지능을 발달시
키는 데 무리가 없는 타입이다.

즉, 분위기를 잘 읽을 줄 아는 사람은 '감성 지능'이 높으며 유머나
스피치, 강의에서도 뛰어난 성과를 낼 수 있으나 감정의 흐름을 잘
간파하지 못하는 사람은 유머나 스피치, 강의 등 모든 것이 딱딱하
고 지루해진다.

설교하는데 사람들이 자든지, 말든지 자기 할 말만 계속하는 설
교가는 능력이 없거나 기술이 부족하다기보다는 '감성 지능'이 약한
것이다. 뻔히 자기 눈으로 졸고 있는 사람이 보이는데도 원고의 수
정은 없다. 원고를 작성한 대로 끝까지 간다. 이런 사람과 무슨 소
통이 되겠는가. 정치하는데 다른 사람들의 말을 무시하고 고집대
로, 정한 대로만 밀고 나간다면 무슨 소통의 정치가 되겠는가.

민심을 읽지 못한 정치는 망하게 되어 있고, 강의장의 분위기를
읽지 못한 강의는 실패할 수밖에 없다. 또한, 여자의 마음을 읽거나
느끼지 못한 남자는 차일 수밖에 없는 것이다.

사람들은 살아간다. 모두가 행복하지도, 불행하지도 않지만, 사람은 행복이 목표인데도 행복하지 못함을 느끼며 살아간다. 부실하게 밥을 먹으면, 먹어도 허기가 느껴져 빵을 먹고 아이스크림을 먹으며 다른 무언가로 배를 채우려 든다. 그러면 그 사람의 몸은 건강하지 않은 육체가 된다.

우울함이나 자존감의 부재, 부부의 위기, 가정의 파탄, 국가의 위기는 결국 한 가지에서 비롯된다. 사회 전체가 우울증에 걸리고, 아내는 집을 나가고, 남편은 일 중독이 되며 아이들은 일진이 되고, 왕따로 몰리고, 학교는 폭력적으로 변하고, 아이들은 꿈이 없으며, 마약과 음란 퇴폐의 문화가 우리의 삶을 집어삼키고, 종교와 국가는 이를 방관한다.

진짜 먹을 것을 제대로 먹지 못하고 다른 것을 주워 먹어서 생기는 문제인 것이다.

'알아차리기'와 '알아주기'의 부재이다.

'감성 지능'을 일깨워 주는 '감성 훈련'이 필요한 이유이다.

② 감수성 훈련 2-알아주기 vs 알아차리기

사람과 사람의 관계를 이어주는 끈은 '공감'과 '알아주기'다.

부부간에도 서로의 눈을 보고 대화를 하는 것이 부부관계를 돈독하게 하는 데 중요한 역할을 하듯이 사회에서 사람을 만나건, 자녀를 양육하건 매한가지다.

간단하게 생각해 보자. 아내나 남편, 혹은 애인이든지 누군가가 당신의 마음을 알아주면 기분이 어떤가? 모든 해결점이나 문제는 자신에게서부터 바라보면 쉬워진다.

내 마음을 알아주면 기분이 좋듯이, 타인도 마찬가지이다.

직장에서 상사나 부하 직원의 마음을 알아주는 부하 직원이나 상사가 있다면 직장은 일만 하는 곳이 아니라 생활의 또 다른 공간일 뿐이다. '알아차리기'는 미묘한 감성 기술이다.

여성이건 남성이건 간에 누구에게서 문자나 전화 통화 시 그 너머에 있는 상대의 의도를 알아차리기는 쉽지 않다.

〈개그콘서트〉 '불편한 진실' 코너에서는 애인 사이나 여성들의 대화 내용의 속뜻을 다시 말하는 장면이 종종 나오는데 이를 보고 사람들이 웃는 이유는 그것이 진짜 속마음이기 때문에 손뼉을 치며 웃는 것이다. 상대의 마음을 알기란 쉽지 않지만, 그래도 노력해야 한다.

이제는 감성 능력이 성공을 보장한다.

예전의 카사블랑카 같은 바람둥이들이 어떻게 여성들의 마음을 홀렸겠는가?

물론 잘생긴 외모도 한몫했겠지만, 그녀들의 마음을 빠르게 알아차리는 기술 때문이었을 것이다. 글이나 대화 중에 그 너머에 있는 마음을 읽어낸다는 것은 지금 상대의 말이나 글을 꼬아서 듣거나 전부 사실이 아닌 걸로 하고 넘겨짚으라는 말이 아니다.

가령 친하게 지내는 여성이 남성에게 문자를 할 때, "저 오늘 병원에서 검사받느라고 금식이에요!"라고 했을 때 남성이 "헉, 배고프겠네요!"라고만 한다면 빵점이다. 설령 그렇게 문자를 보냈더라도 바로 이렇게 보내야 한다.

"배고프겠네요…. 검사받으면 더 힘들 텐데…. 제가 밥 사드릴까요?"

그러면 여성은 열의 아홉은 "아니에요…. 고마워요."라고 할 것이다. 나머진 "좋아요."다.
사람은 자기를 알아주길 원한다.

교육을 진행하다 보면 교육생들의 피드백이 좋은 경우는 자주 많이 나와서 말하게 하거나 기분을 물어볼 때이다.
아무리 재미있는 프로그램이나 강의라도 강사 혼자서 계속 말하는 교육 과정은 점수가 후하지 않다.
사람들은 말하고 싶어 한다. 그 말은 자기를 알아주었으면 하는 마음이 누구에게나 있다는 것이다.
그 '알아주기'를 알아차리는 것, 그것이 인간관계 성공의 키다.

③ 감수성 훈련 3-연애할 때 상황별 대처법
남녀가 마음이 맞아서 만난다는 건 본능적으로 당연한 것 같지만, 서로의 마음을 알아주며 인내하고 즐거워하며 여러 가지 감정

이제는 스펙이 아니라 스피치다

을 공유하고 연애를 한다는 건 어찌 보면 놀라운 일이다.

남자와 여자는 신체적인 구조를 넘어서 정신적으로 달라도 너무 나 다르기 때문이다.

연애할 때 자주 다투거나 남자나 여자를 만나는 데 어려움을 겪는 사람들을 보면 간과하기 쉽지만 놓치고 있는 한 가지가 있어서 안타깝다. 그것은 바로 '알아주기'다.

요즘 TV에서 여자와 남자의 마음에 대해서, 아니, 특히 알 수 없는 여자의 마음을 다루는 코너가 많아졌다.

그건 그만큼 요즘 사람들이 남녀 관계에 있어서 '감성적인 교류'에 민감하지 못하기 때문이라고 미루어 짐작할 수 있다.

결론은 사람은 똑같다는 것이다. 남자는 다 똑같고, 여자도 다 똑같다. 그 마음의 욕구는 다 거기서 거기다.

얼마 전에 개인 코칭을 받으러 오신 분과의 대화 내용이다.

"얼마 전에 여자분을 한 분 만났는데 문자가 왔더라고요. 인연이 아닌 것 같다고."

"아~ 그래요? 근데 그 여성분이 맘에 들었어요?"

"네."

"그럼, 전화해 보세요!"

"전화 한 번 했는데 5번 정도 울리더니 안 받더라고요…. 그럼 차

단해 놓은 거죠, 뭐….″

"맘에는 드는데, 그냥 포기하시는 건가요?″

"문자 내용이 너무 단호하고 전화도 안 받으니 제가 진짜 싫은가보죠…. 솔직히 저 싫다는데 맘에 든다고 해서 계속 달려드는 것도추접스럽게 보이고, 그냥 포기하는 게 깨끗하죠, 뭐. 전에도 그런 일이 있었어요.″

이런 식으로 진행되는 것은 어찌 보면 일반적이다.

이 대화 내용에 숨어 있는 내면의 감정은 '자존심'이나 '매너'를 가장한 '두려움'이다.

맘에는 들지만 거절당할까 봐 두렵고, 자신이 숙이고 들어가는 것을 참지 못한다.

그런데 매너가 엉망이거나 정말 못 봐줄 사람이 아닌 다음에야 반복적으로 관심을 보이고 노력을 하면 돌아서게 되어 있다.

감수성은 상대의 마음을 알아주는 것만이 아니라 자신의 감정에 솔직한 것도 포함한다.

"열 번 찍어 안 넘어가는 나무 없다.″라는 식의 끈기와 노력을 말하는 것이 아니다.

진정성을 가진 자신의 감정 그대로 보여 주는 것이 중요하다.

상대가 자신을 싫어한다고 생각하지 말아라. 당신은 그 사람에게 그런 대우를 받을 이유가 없다. 다가가고 또 다가서면 당신의 마음에 그 사람은 녹아들 것이다.

이제는 스펙이 아니라 스피치다

두려워하지 말고, 지레짐작으로 넘겨짚지 말아라. 자신의 마음을 다치지 않으려고 마음을 속이지 마라.

감수성은 예민함이다. 또한, 감수성은 후회하지 않기 위한 도구이다.

④ 감수성 훈련 4-느낌 알아차리기

우리는 사랑하면서 여러 가지 느낌을 접한다.

우울, 기쁨, 따뜻함, 푸근함, 당황스러움 등. 그런데 일상적으로 느끼는 이러한 느낌이나 감정을 자신이 잘 알아차리지 못하고 지나치는 경우가 종종 있다.

그럴 수도 있다. 그러나 이 느낌을 잘 알아차리지 못하고 지나가는 경우가 반복되면 쌓이고 쌓여서 결국 나의 대인관계나 자존감 형성에 치명적일 수가 있다.

'치명적이기까지 하단 말인가?' 하며 의아해하는 분들도 있을 수 있으나 '느낌'을 알아차리는 것은 생존의 문제이다.

아프다는 느낌을 모르면 죽음에 이를 수 있다. 슬프다는 느낌은 메마르게 만든다.

더군다나 남들이 다 웃을 때 웃지 못하는 것도 '무느낌 증후군'이다.

한마디로 이상한 사람으로 오해를 살 수도 있다는 말이다. 그런데 어쩌란 말인가? 느낌이 안 오는걸….

그러나 느낌을 정확하게 알아차리지 못하면 단절된 대화로 흐를 수가 있다.

말을 할 때나 설명할 때도 자신의 느낌을 모르기 때문에 지극히 사실만을 전달하게 되고, 무미건조한 삶으로 흐를 수 있다.

"다른 사람이 말하면 재미있는데, 내가 말하면 재미가 없고 딱딱해져요."

이렇게 말하는 대부분의 사람은 '느낌'에 대해서 잘 못 느끼고 감정의 흐름을 가져가는 데 자연스럽지 못하다.

그렇다면 '느낌'은 어떻게 살릴 수 있는가?

'생각하고 말하는 것'이다. 머릿속에만 있는 것이 아니라 입 밖으로 내뱉어 보는 것이다.

말을 하면 몸이 알고, 생각을 하면 말이 나온다. 또 말과 생각이 일치할 때 그 느낌을 알아차리는 것이다. 흔히 느낌에 충실하라고 말한다. 느낌에 충실하려면 그 느낌을 알아야 한다. 갑작스럽고 당황스러운 일이 생길 때 느낌이 발휘된다. 나의 상태를 알지 못하면 상대의 상태를 아는 건 만무하다.

시집을 사서 읽어라.

지금 나의 느낌을 글로 써 보라.

말을 하라. 그대로 말해라. 단어가 생각나지 않으면 그림으로라도 그려라.

어찌 됐든지, 어떤 방법으로든지 표현해야 한다.

이제는 스펙이 아니라 스피치다

내가 스피치다
-성품 편

말은 생각과 성품의 반영이다.

"울고 화내면 얼굴이 미워지니까 웃어야지."

어릴 적에 투정 부리고 울거나 씩씩거리고 화내며 말할 때마다 어른들이 했던 말이다. 이 말은 온 인생을 통해서 경험한 실제이며 놀라울 정도로 맞는 말이다. 얼굴과 말은 마음의 표현이며, 표정과 말은 마음에 영향을 미치고, 말은 생각을 표현하며 관계를 만드는 도구다. 이러한 이유로 말을 어떻게 하느냐에 따라서 그 사람의 표정과 성품이 만들어진다. 마음이 어두우면 얼굴에 그늘이 지고 무섭게 변하며 말은 거칠고 공격적이며 부정적이 되고, 마음이 밝으면 얼굴이 해처럼 빛난다. 거울을 보고 평소에 자신이 하는 말들을 점검해 보아라. 진리는 단순하다.

"남자 나이 40이 넘으면 자기 얼굴에 책임을 져라."는 링컨의 말은 타고난 얼굴이야 어찌할 수 없지만, 풍겨지는 인상과 말의 품위와 성숙도는 끊임없이 생각하고 말하고 선택하고 행동한 결과로 만들어진다는 말이며 내가 지금 먹은 음식이 나의 몸이 되듯이 내가 마음먹은 삶의 방식이 나의 성품과 인생이 된다는 말이다.

이렇듯 말과 표정과 성품은 내가 어떠한 마음가짐으로 말을 하며 살아가느냐에 따라 만들어 갈 수 있다. 이러한 이유로 사람을 대하는 태도와 말의 내용을 보면 그 사람의 가치관과 인생을 바라보는 태도를 알 수 있다. 이것으로 사람은 평가되고 한 걸음 더 나아가 관계의 지속 여부를 결정하는 데 중요한 요건이 되기도 한다.

관계를 지속하는 데 있어서 최대 관건은 '신뢰와 공감'이다. '신뢰와 공감'은 사람을 대하는 태도와 말로 결정되며 대화나 사람과의 관계에서 발생하는 모든 에피소드에서 감성을 수반한 공감의 유무가 관계의 질을 결정한다. '공감'은 상대방 마음의 상태를 최소한 인지하고 함께 느낀다는 말인데 생각이 어둡고 말이 공격적이면 상대의 마음을 헤아리는 감각이 무뎌지고 생각이 고착되며 말의 무능을 낳게 된다. 공감 능력의 상실은 자신의 인생뿐만 아니라 다른 사람의 인생까지도 재앙으로 이끌 수 있기에 생각을 밝게 하고 상대의 마음을 헤아릴 줄 아는 공감의 말은 격조를 달리하여 한 사람의 좋은 성품을 만들고, 그 사람을 통하여 밝음이 전해지게 된다.

요즘 말과 사람에 관한 글을 쓰고 강의하는 사람들이 하루가 멀다 하고 경쟁적으로 쏟아내는 "아니면 말고." 식의 어이없는 막말로 인해 당사자도 아닌 내가 한없이 부끄럽고 불편하다.

'막말', '거짓말', '경멸하는 말', '악의에 찬 말', '깎아내리는 말', '조롱하는 말'들은 듣는 사람의 마음을 후비고 억울하게 할 뿐만 아니라 관계자가 아닌 사람에게까지도 분을 일으키는 말이다. "아니면 말고." 식의 악의적으로 놀리며 하는 말은 사람을 죽이는 말이다. 이렇게 하는 말은 칼보다 무서운 잔인함을 내포하고 있으며 지지자들에게 환영을 받으며 잠시 우쭐댈지는 몰라도, 결국 그의 품격은 한순간에 떨어지고 냉소와 야유는 그 사람의 몫이다.

거기에 부끄러움까지 없으니 유구무언이다.

말한 대로 되며 입에서 나온 말이 자신의 인생이 된다. 아무리 경쟁 상대라 할지라도 내일이 없는 사람처럼 말하지 말고 말에 공감과 여유를 담아 서로를 품격 있게 살리는 말을 해야 한다. "예의가 사람을 만든다."라는 말처럼 품격이 멋이고 그 품격에서 비롯된 성품은 모두의 인생에 영향을 미친다.

말은 생각과 성품의 반영이며 말은 사람의 인생을 관통하여 곧 '그 사람'이 된다.

말한다고 모두가 말은 아니며 말의 최종 복적지는 자신이다. 말의 무능은 감성의 부재이며 말의 공허는 공감의 탈락이다.

라일락 향이 바람에 날리더니 이제 아카시아 향기가 코끝을 스친다.

봄의 끝자락이자 초여름 같은 밤. 향기는 더욱 진하다.

나의 입에서 나온 말이 나의 인생이 된다.

향기 나는 말을 하고 그 말로 인하여 누군가의 마음을 시원케 하는 사람이 되었으면 좋겠다.

삶의 패턴을 선순환의 고리에 들게 하라.

 말을 잘한다는 것은 '지식과 스킬'이 아니라 '확신과 여유'에서 기인하며 후자는 부드러운 사고와 열린 마음가짐에서 비롯된다. 또한, 말을 잘한다는 것은 서론-본론-결론을 명확하게 하고 말하고자 하는 핵심을 현란한 말솜씨로 확실하게 전달하는 달변만을 의미하지 않으며 막힘없고 거침없이 한다고 해서 말을 잘한다고 여겨지는 것만도 아니다. 느리고 어눌하더라도 말하고자 하는 내용에 먼저 자신이 감동이 되고 그 감동이 우러나와 말이 되어 나오며 온 마음을 다하는 표정과 몸짓이 더해져 상대를 설득하게 될 때 말은 그 진가를 발휘하게 되며 말을 잘한다는 말을 듣게 될 것이다. 진실한 사람을 신뢰하게 되는 것은 예측 가능하며 안정감을 준다. 어제 했던 말과 오늘 하는 말이 다르다면 기대치가 떨어져서 신뢰할 수 없다. 그가 말하는 태도로 그 사람의 모든 것이 판단되듯이, 말에는 진정성이 있어야 하며 그 입에서 나온 말이 곧 그 사람인 것이다.

진정성. 이것이 말을 잘하는 비결의 하나다.

그렇다면 진정성 있게 말하는 것은 무엇이며 어떻게 내 몸에 장착되는 것이고 그렇게 함으로써 상대가 나를 말을 잘하고 진정성 있고 신뢰할 만한 사람으로 인식하는 근거는 무엇인가에 대하여 알아볼 이유가 있다. 먼저 결론을 말하자면 그렇게 살아야 하는 것이다.

자신과 인생을 바라보는 태도로 인하여 표정과 말투, 사람을 대하는 태도가 만들어진다. 자신의 삶을 바라볼 때 어려울 때나, 잘될 때나 할 수 있다면 감사하고 될 수 있으면 긍정적으로 해석하려 노력하는 사람은 표정이 밝고 활기에 차 있으며 말소리가 맑고 분명하다. 그 말에는 힘이 있고 여유와 유머가 녹아 있으며 설령 서려 있는 슬픔이 있다 해도 그것조차 친근함으로 다가오게 된다. 다시 말해서 자신이 마음먹은 그 생각이 그 사람을 만들어내는 것이다. 표정과 생각이 밝은 사람은 말을 잘한다.

어둡고 부정적인 사람은 말을 못한다는 것이 아니라, 말은 지극히 상대적인 것이어서 자신은 명확하게 전달했다 해도 받아들이는 사람이 거부하면 말을 잘하는 스킬은 무의미해지는 것이기 때문이다.

평소에 비호감인 사람이 말을 잘하면 사람들은 이렇게 생각할 것이다. '말은 잘하네. 말만 잘하네.'

그런데 평소에 호감인 사람이 말을 잘하면 어떻게 생각할까. '말도 잘하네. 말까지 잘하네.' 결국, 말하는 스킬이 뛰어나고 외모나 모든 것이 준수해도 진정성을 기반으로 한 신뢰감이 결여되면 의미를 상실하며 관계의 단절과 함께 깊은 고독감을 맛보게 될 것이다. 말을 잘해도 진정성 있는 성품이 따라주지 못하면 자신의 인생을 되돌아보며 점검해 봐야 하는 것이다.

당신은 누군가가 매력적이라 판단하는 기준은 무엇인가? 물론 신체적인 외모의 아름다움도 빼놓을 수 없지만, 나는 매력적이라 판단하는 척도가 인간미나 성품이며 그 사람의 '표정과 말'을 통해서 판별한다. 다른 사람이 생각하는 자신의 단점도 부끄러워하지 않으며 자신감에 차 있고 처한 환경에 감사하고 꿈을 가지고 노력하며 긍정적인 말을 통해 자신과 상대를 격려하고 함께 공감하며 위로할 줄도 아는 사람. 인간미 넘치는 영적인 사람.

인간으로 하여금 삶을 관조하는 여유와 부드러운 마음의 상태를 갖게 하는 유용한 도구가 있는데, 그것은 바로 최고의 영성인 '감사' 다. 감사는 영적인 존재인 인간에게 꼭 필요한 가치 있는 덕목이다. 인간은 감사를 통해서 기쁨을 누리게 되고 인생을 더 풍요롭게 살아가는 방법을 깨닫게 된다.

정리하자면 말을 잘한다는 것은 스킬만이 아닌 진정성이며 그렇게 살아가는 삶의 진정성으로 인하여 신뢰감이 형성되고 신뢰감이 바탕이 되어 나오는 말은 힘이 있고 명료하여 상대를 설득하기에 충분하다. 이런 신뢰감과 진정성은 삶을 바라보는 태도를 통해 형성되는데 그 저변에 있는 것이 '감사'다. 감사하는 마음은 생각을 여유 있고 부드럽게 하며 그 내면의 마음이 밝은 표정과 유머 있는 말로써 나오는 것이다.

이러한 이유로 말을 잘하려면 감사하라.

모든 일에, 모든 것에 감사하라.

내가 스피치다
-어휘 편

같은 내용도 단어 선택에 따라서 의미를 달리한다.

"저는 소극적이고 융통성이 없는 사람입니다."

인상이나 전체적인 모습이 어딘지 답답해 보이는 누군가가 자신을 이렇게 소개한다면 듣는 이들의 반응은 어떨까. "아… 그렇구나."라고 단어 그대로 듣고 말아버릴까. 아니다. 사람들은 겉모습으로 많은 부분을 판단하지만, 결정적인 건 그 사람의 입에서 나오는 말과 표정에서 풍기는 기운으로 느낀다는 표현이 적절하다. 그리고는 '그래서 어쩌라고…. 그런데 왜 저렇게까지 말하지?' 안타까워하거나 측은해하거나 위로의 눈빛을 보내기는커녕, '어쩐지 딱 보니 답답해 보이더라.'라고 생각하지 않을까.

왜 이렇게 자신을 소개하는가. 누가 당신에게 이러한 낙인을 주었으며 당신은 왜 당신이 이런 사람이라고 생각해 버리는가. 사람은 대체로 상황에 따라서 습관처럼 빈번하게 사용하는 방어 기제나 처세의 수단들이 있으나 이러한 모습이 성격이고 자기 자신이라고 규정지을 수는 없는 것이고 부정적으로 자신을 표현하는 건 더욱더 안 된다. 부모이건, 친구이건 누군가에게서 오랜 시간을 두고 지속해서 "너는 소극적이고 매사에 자신감이 없고 융통성이 없는 사람이야."라는 말을 자주 듣고 지내왔다면 그 말을 들은 당사자는 자기 안에 있는 긍정적인 면과 힘은 보려 하지도 않은 채 없다고 생각하고 그에 대한 의문과 검증의 절차 없이 인정하며 자존감은 바닥을 치고 자신은 그런 사람이라고 인식하기 쉽다. 이러한 이유로 어릴 적부터 부모가 자녀의 자존감을 키워 주어서 자신을 괜찮은 사람으로 인식하고 인정하게 만드는 것이 중요하다. 그 이유는 이 마음이 커지면 이후에 인생을 도전하고 성취하며 활력 있게 살아가는 자원이 되기 때문이다. 또한, 인식의 문제가 아닌 실제로 매사에 소극적이고 융통성이 없다 해도 자신이 그 말과 자신을 받아들이면 자신을 그러한 사람으로 생각한 것이며 그 이후의 말과 행동이 그 선택을 대변한다. 그러나 그것을 인정하지 않고 단호히 거부하면 당신은 더 이상 그러한 사람이 아닌 것이며 새로운 인식의 전환 수단으로 자신을 규정짓거나 평소에 말하는 어휘를 조금만 바꾸어도 전혀 다른 느낌의 말과 인생이 된다.

사람은 말에 따라 분위기와 기분을 다르게 느끼고 인식도 달리하게 된다. 말이 곧 그 사람인 것이다. 적절하고 긍정적인 어휘 선택만으로 자신감과 자존감을 높일 수 있다면 시도해 봄 직하지 않은가.

"저는 소극적이고 융통성이 없는 사람입니다."를 이렇게 바꿔 보면 어떨까.

이제는 스펙이 아니라 스피치다

"저는 매사에 신중하고 우직한 사람입니다."

'다른 말, 같은 의미' 같지만, 전혀 다른 느낌과 의미다. 이것은 거짓말로 자신을 포장하는 것이 아니다. 내용 면에서는 같은 말이지만, 말하는 사람은 왠지 모르게 자신감이 생기며 듣는 이들은 당신을 향한 느낌을 달리 볼 것이다. 이러한 긍정적인 면을 부각한 말하기만으로도 자존감과 자신감은 배가 되며 이것이 건강한 스피치 교육이 필요한 이유이다.

모든 말은 긍정과 부정의 양면을 모두 가지고 있다. 먼저 "융통성이 없다."는 말은 '답답하다.', '꽉 막혔다.', '변화를 두려워한다.', '고지식하다.', '순발력이 약하다.', '둔하다.', '임기응변에 약하다.'라는 부정적 의미와 '우직하다.', '책임감이 강하다.', '성실하다.', '무던하다.', '주관이 뚜렷하다.', '신념이 강하다.', '대쪽같다.', 또한 "소심하다."는 '꼼꼼하다.', '신중하다.' 등의 긍정적인 의미를 포함하고 있다.

이렇듯 시각에 따라서 여러 가지 의미의 단어를 내포하고 있으므로 자신을 긍정적으로 해석하는 적절한 어휘 선택은 자신감을 높이고 이미지를 제고하는 말하기의 중요한 부분이며 말을 간결하고 명료하게 만드는 데도 탁월하다. 긍정적으로 자신을 바라보는 시각은 긍정적인 어휘를 선택하여 말하기만 해도 충분하다. 평소 말하는 습관이 긍정적인지, 부정적인지부터 체크한 후 어휘를 비슷한 뜻의 다른 말로 바꿔 보아라.

그러면 신세계가 펼쳐질 것이며 자신감이 생기고 희망을 품은 밝은 낯빛의 자신을 만나게 될 것이다.

내가 스피치다
-표현력 강의

임팩트 있는 말은 삶에서 나오는 살리는 말이다.

"임팩트 있게 말하려면 어떻게 해야 하나요?"
"품격 있게 말하고 싶은데, 그럴싸한 거 없나요?"
"딱 때리는 말 한마디 멋지게 하고 싶은데…."
"인사말을 해야 하는데, 꽂히는 멘트 하나 없을까요?"

먼저 여기서 말하는 '임팩트 있는 말'이라 함은 '상대에게 강력한 영향을 미치는 공감이나 감동을 불러일으키는 한마디'라 해석하고 스피치 코칭을 풀어 가야 이해가 쉽겠다.

임팩트 있는 말은 공감과 감동을 불러일으켜야 한다는데, 도대체 어떻게 해야 하나.

누구나 멋지게 말하고 싶은 욕망은 있다. 이제 실제 코칭으로 들어가 보자. 존경하고 흠모할 만한 유명인이 한 멋진 말은 군중 사이에 회자되어 인용되고 누구에게는 삶의 지표가 되기도 한다. 그 이유는 무엇인가. 그 입에서 나온 한마디, 한마디의 의미, 즉 그 단어의 뜻이나 내용의 명쾌함만으로 평가되는 것이 아니라 그 당시의 상황, 화자의 매력 정도, 철학의 깊이, 고뇌의 흔적, 경쾌한 유머적 감성이 저변에 포진된 '공감'에서 비롯되기 때문이다. 이러한 이유로 위 질문들에 대한 답이 멋진 명언이나 누군가의 멘트를 제시해서 습득하게 하는 정도로 끝난다면 위인들의 명언집이나 명대사 또는 유명인의 어록을 구입해서 외우고 다니면 되지, 코칭을 받을 필요는 없는 것이다. 그러나 단언컨대 보고 듣기에 멋진 말을 외우고 다니며 가끔 자신의 이야기에 섞어서 말해서 상대가 감탄하고 박수를 받는다고 해도 자신의 고뇌와 철학이 없는 말은 껌과 같아서 처음에는 달고 청량해서 느낌은 좋으나 결국 삼키지 않고 뱉어 버리게 되며 상대에게 주는 유익은 잠시뿐이다.

상대적으로 임팩트 있는 말은 맛있고 몸에도 좋은 음식과도 같아서 결국 나와 상대를 유익하게 하고 온 삶을 통해 살아나게 한다. 멋진 말을 하려고 애쓰기보다는 조개의 고통이 진주가 되듯이 듣고, 읽고, 느끼고, 쓰고, 말하기를 반복하라. 이러한 작업들을 반복하면 습관이 되고 습관이 되면 민감해지고 민감해지면 몰입이 되고 몰입하면 철학이 생기고 그리하면 자신만의 시선이 형성되며 그 시선에 사랑을 담아 해석하면 공감이 되고 공감이 되면 감동이 되고 감동이 되면 살아나고 살아나면 움직이게 된다.

결국 임팩트 있는 말이란 공감과 사랑의 바탕 위에 자신의 철학을 유머러스하게 배치하는 것이다. 임팩트 있는 말은 그래서 스킬이 아니라 삶이 되어야 맞다. 자기 생각이 말이 되는 것이다. 철학이 있는 그의 삶이 글이 되거나 철학이 무엇인가를 생각하게 하는 것이다. 생각하지 않고 멋진 말만 가져다 쓴다고 해서 멋지게 되는 것이 아니다.

누구나 탄성을 자아내게 하며 웃게 하고 울게 하며 감동받는 말, 한 편의 소설과 시가 심금을 울릴 수 있는 것은 그 사람 인생의 결정체이기 때문이며 오바마의 연설에서 감동받는 것은 그 연설에 그의 철학과 애정이 흐르기 때문이다.

꽂힌 말이 꽂힌다. 멋지게 말을 잘하고 싶다면 들었거나 읽었을 때 마음에 와닿은 글을 그대로 따라서 써 보아라. 짧은 한 줄이라도 좋다. 모아놓고 그대로 다시 써 보아라. 그러면 어느 순간부터 민감해지고 생각의 나무가 자라기 시작할 것이다.

다음 단계는 '정의하기'다. 예를 들어, '웃음은 에너지다.', '가족은 위로다.'처럼 관점을 정리하다 보면 자신만의 세계관이 생기고 이것은 향후 자신이 하는 말과 글에 투영된다.

또한, 수첩이나 스마트폰 메모장에 정의를 적어놓고 생각날 때마다 그렇게 생각하고 정의를 내린 이유를 한 줄씩이라도 적어 내려가면 된다. 하나의 주제로 최소 다섯 줄 이상의 글을 쓸 수 있다면 임팩트 있는 말을 할 수 있는 다분한 요건을 갖추게 된다. 한 걸음 더 나아가서 그렇게 살아야 한다.

인생을 바라보는 시선과 삶의 흔적이 배어 나오는 것이다. 삶이 임팩트하면 말은 자연스레 임팩트하게 된다.

> "작은 일도 무시하지 않고 최선을 다해야 한다. 작은 일에도 최선을 다하면 정성스럽게 된다. 정성스럽게 되면 겉에 배어 나오고 겉에 배어 나오면 겉으로 드러나고 겉으로 드러나면 이내 밝아지고 밝아지면 남을 감동시키고 남을 감동시키면 이내 변하게 되고 변하면 생육된다. 그러니 오직 세상에서 지극히 정성을 다하는 사람만이 나와 세상을 변하게 할 수 있는 것이다."
>
> – 『예기』, 「중용」 23장

스피치, 한 걸음 더

스피치의 주된 목적은 관계 형성과 자신의 의사를 분명하게 전달하고 설득하는 것이다. 그렇기에 스피치 스킬은 습득하고 단련해야 한다. 이제는 스펙보다 스피치가 관건이다. 그러한 이유로 강의 형식이나 프레젠테이션 스킬은 영어처럼 필요하지만, 잘하면 능력자 반열에 오르는 수단이 되었다. 이제 스피치 능력자 위치에 오르게 할 방법을 풀어 놓으려 한다. 읽다 보면 어느새 스피치가 두렵지 않고 쉬워지게 될 것이다.

스피치, 한 걸음 더
-스피치에 관한 오해

스피치에 관한 오해의 뼈를 때리는 답안.

"말을 잘하려면 여러 사람 앞에서 연습해야 한다."
"유머가 부족해서 인기가 없고 관계 맺기가 어렵다."
"대화를 리드하려면 순발력과 말발이 좋아야 한다."
"말을 잘해야 자신감도 있고 영향력도 있을 것이다."
"여러 사람 앞에서 연습해야 자신감이 생긴다."
"지식과 정보가 많아야 대화를 더 잘한다."
"말을 잘하면 PT나 강의도 잘할 것이다."
"책을 많이 읽어야 말을 잘한다."
"임팩트 있게 말해야 한다."

스피치 코칭을 문의하는 분들이 코칭을 시작하기 전에 상담하거나 시작해서 진행 중에도 꾸준하게 제기하는 스피치에 관한 선입견과 오해들이다.

말을 잘한다는 것을 주관적으로만 바라보면 생각의 여부 또는 정리와 확신 그리고 자존감의 높고 낮음이 기준이 되며 객관적으로만 접근하면 기준이 모호하고 만족이 없으며 절대적인 것이 아니라 지극히 상대적이며 상황과 분위기, 대상에 따라 평가는 달라지게 마련이다. 말을 잘한다는 것은 많은 양의 단어를 논리 정연하고, 빠르고 수려하게 내뱉는 것만을 의미하지는 않으며 반대로 말을 천천히 하고 어눌하게 한다고 해서 말을 못하는 것도 아니다. 또한, 말을 할 때 재미와 위트는 전부가 아닌 부가적인 것이며 재미와 순발력에만 신경 쓰다 보면 가벼워지고 길이 사라지며 정작 하고자 하는 말이 힘을 잃게 된다. 정보와 지식 그리고 사실과 논리에만 치중하면 지루하고 딱딱하여 이해가 어렵고 감동도 떨어져서 결국 귀를 닫아 버리게 되니 재미만이라도 있는 말보다 못하게 된다. 모든 것은 적당해야 하며 조화를 이루어야 한다. 말 또한 다르지 않다.

말은 내 생각을 명료하고 효과적으로 전달하여 상대가 알아듣고 이해할 수 있게 하며 나아가 마음까지 움직일 수 있도록 한다면 그만이다. 그렇게 하기 위하여 나머지는 거들 뿐이다. 그러면 질문에 하나씩 간단하게 답하며 오해를 풀어가 보자.

말을 잘하려면 여러 사람 앞에서 연습해야 한다.
말을 잘해야 자신감도 있고 영향력이 있을 것이다.
여러 사람 앞에서 연습해야 자신감이 생긴다.

여러 사람 앞에서 말하기 연습을 하면 반복적인 노출로 인하여 두려움이 무뎌져서 담력과 자신감이 키워질 수 있다. 이는 발표 불안을 호소하는 사람들에게는 필요한 기법이다. 그러나 이 방법은 부정적으로 인식하는 상황에 자신을 자주 노출해서 두려움을 둔감하게 하는 것이지, 정확히 말하자면 자신감이 생기거나 말을 잘하는 것과는 거리가 있다. 자기 생각을 정리하고 그 생각에 확신이 있으면 두려워도 이길 수 있으며 청중 한 사람, 한 사람의 눈을 응시하면서까지 말할 수 있다. 만약 생각이 정리되지 않았거나 확신이 없는데 여러 사람 앞에 노출된다면 더 큰 트라우마가 생겨서 두려움이 배가 될 수 있다. 특히 자신감이 없다고 생각되는 자녀를 지도해 달라는 부모님들과의 상담은 이 부분에 대한 오해가 상당하여 설득하는 데 상당한 시간과 에너지를 사용하게 된다. 개인 코칭 시간을 5회 정도 거친 후 소그룹 코칭이 가장 바람직한 코스다. 이러한 이유로 자기 생각 정리가 먼저다. 생각이 정리되고 확신이 있으면 말하는 한 마디, 한 마디에 힘이 생기고 들을 귀가 열리며 영향력을 발휘하게 된다.

유머가 부족해서 인기가 없고 관계 맺기가 어렵다.
대화를 리드하려면 순발력과 말발이 좋아야 한다.
유머가 부족하거나 재미가 없어서 인기가 없거나 관계 맺기가 어렵다는 것은 지극히 자기만의 생각이며 이것이야말로 오해다. 그렇다면 먼저 거울을 보고 자신의 표정이 어떤지 보라. 굳은 표정인가, 웃는 얼굴인가. 또한, 자신이 생각하는 자신의 모습과 다른 사람이

이제는 스펙이 아니라 스피치다

보는 자신의 모습이나 성품을 적어 보아라. 유머와 위트, 순발력은 여유와 풍부한 감성과 공감 능력에서 나오며 말재주가 아니다. 평소 넉넉한 마음의 상태와 기쁨과 행복감을 발견하고 유지하는 삶이 녹아들어서 내 안에 쌓이고 그것이 향수처럼 피어나는 것이기에 사람들은 당신이 굳이 어떠한 말이나 행동을 하지 않아도 느끼는 것이다.

당신이 대화에 잘 끼지 못하거나 영향력이 약하고 인기 없는 이유는 유머러스하거나 말주변이 없어서가 아니라 그렇게 살지 않았기 때문이며 딱딱한 사고가 한몫을 한다. 먼저 자신의 모습을 체크하고 되고자 하는 모습을 적어 보고 그 간극을 살펴보아라. 일단은 있는 그대로의 자신을 인정하고 긍정적으로 해석하는 것부터 시작하라.

긍정은 부정을 이기며 긍정적인 사람은 인기가 있고 자신감이 넘쳐난다. 이것은 진리다.

자신의 모습을 적어 보고 부정적인 단어가 있다면 긍정적으로 해석해 보아라.

예를 들어, '융통성이 없다.'라고 생각한다면 '신중하고 성실하다.'로 바꾸어 보라. 자신을 더 멋지게 인식하게 되고 세상과 인생을 바라보는 눈이 변할 것이다. 변하면 말도 변하고 힘이 생기며 상대가 당신의 말에 귀를 기울이게 되며 어느새 영향력이 생기며 위트가 넘치고 대화를 리드하는 자신을 발견하게 될 것이다.

지식과 정보가 많아야 대화를 더 잘한다.

책을 많이 읽어야 말을 잘한다.

책을 많이 읽고 다방면의 지식이 풍부하다면 당연히 아는 것이 많기에 할 말도 많을 것이다. 그렇다면 한 번 생각해 보라. 어떤 주제가 나와도 모르는 것이 없는 사람처럼 혼자서 술술 말을 이어간다면 처음에는 대단하다고 생각하겠지만, 그 상황이 반복되면 사람들은 귀와 마음을 닫는다.

일반적으로 사람들은 듣는 것보다 말하는 것을 좋아한다. 일방적으로 강사의 말을 듣는 것보다 교육생도 말할 수 있도록 하는 교육이 만족도가 높은 것에서도 근거를 찾을 수 있다.

물론 신문을 읽거나 책을 가까이하는 것은 절대적으로 필요하고 자신을 다지는 최고의 수단이며 필요충분조건이다. 청중 앞에서 강연을 하거나 자신의 직업이 작가라면 방대한 지식은 자랑이며 자신을 빛나게 하고 다른 이들에게 유익을 주기에 충분하지만, 대화는 다르다.

대화는 주고받는 것이며 질문하고 주장하고 답하고 논하는 것이지, 일방적인 것이 아니다.

질문은 상대를 존중하는 느낌도 있고 상대의 생각을 이끌어내며 대화를 풍성하게 하기에 최고의 대화법은 '질문'이다. 대화를 리드하는 것은 자신이 이야기 주제를 넘나들며 어떤 이야기든 맞받아칠 수 있는 것이 아니라 구성원 모두가 말할 수 있도록 길을 만들어 주는 것이다. 예능 프로그램에서 유재석의 역할을 생각하면 이해가 쉽겠다.

이제는 스펙이 아니라 스피치다

말을 잘하면 PT나 강의도 잘할 것이다

임팩트 있게 말해야 한다.

물론 잘할 것이다. 그러나 핵심을 놓치면 빈 수레다.

강의와 PT의 가장 중요한 포인트는 '핵심 맥락'이다. 작성한 원고를 줄줄 읽어 내려가는 강의에 감동이 있겠는가. 파워포인트 시트마다 빼곡하게 쓰여 있는 글들을 정확한 발음으로 읽어 내려간다고 해서 청중들이 이해가 되며 집중이 되겠는가. 가장 좋은 프레젠테이션은 될 수 있으면 적은 양의 글과 명료한 전달력으로 진행하는 프레젠테이션이다. 강의 또한 주제에서 벗어난 이야기는 아무리 재미있어도 도움이 되지 못하며 일관성을 놓치지 않고 알아듣기 쉽게 맥락을 유지하는 강의가 진짜다. 이것이 임팩트 있게 말하기다.

스피치, 한 걸음 더
—스토리 편

스토리는 힘이 세다.

말을 잘한다는 사람들의 또 하나의 특징은 말을 맛깔나게 한다는 것이다. 똑같은 상황을 이야기하는데도 어떤 사람이 하면 밋밋하고 집중도 안 되고 딴생각이 드는가 하면 맛깔나게 말하는 사람의 말은 귀 기울이게 되고 며칠이 지나도 기억나며 말하는 사람의 이미지까지도 좋아진다. 그렇다면 말을 맛깔나게 한다는 것은 어떻게 말하는 것일까. 발음을 분명하게 하거나 톤을 조절하고 운율 있게 말하는 스피치의 기본은 물론이거니와 여기에 두 가지를 더한다. 그림 그리듯이 설명하는 것과 실감 나게 말하는 것이 그것이다. 개그맨 이영자 씨가 맛있는 음식을 소개할 때 어떤 반응이 오는가. 입에 침이 고이고 먹고 싶다는 생각이 들게 마련이다. 이렇게 실감 나고 맛깔스럽게 말할 수 있는 이유는 풍부한 어휘력이나 위트 그리고 넘치는 순발력일 수도 있겠으나 주로 '경험'에서 나오는 것이다. 자신이 직접 체험함에서 체득한 느낌이나 생각은 누구도 따라올 수 없다.

잘나가는 유명한 강사들의 강의가 재미있고 푹 빠져드는 이유는 자신이 전하고자 하는 말을 더욱 극적으로 하며, 전하고자 하는 말에 상응하는 적절한 사례를 사이에 끼워 넣기 때문이다. 스토리는 힘이 세다. 예를 들어서, "여러분, 웃으면 좋아요. 15초 웃으면 이틀을 더 살 수 있대요. 웃으면 스트레스가 날아가요." 이런 말만 계속한다면 사람들은 잔다. 웃으면 좋다는 것을 다들 알지만, 지루해한다. 이유는 무엇일까. 뇌가 자는 것이다. 이때 사이사이에 웃음에 얽힌 스토리를 끼워 넣으면 뇌가 살아난다. 강의를 마치고 강의를 들은 사람들에게 무엇이 기억에 남는지 물어보면 거의 100% 스토리다. 사람들은 텍스트나 정의로 어떤 것을 기억하는 것보다 스토리와 함께 느낌, 감성 등으로 더 쉽게 기억하며 그렇게 느끼면서 상상하며 기억된 것은 각인된다. 물론 그 사례를 스토리텔링으로 전달함에 있어서 분명하게 말하고 자신과 동일한 느낌을 상대가 그대로 느낄 수 있도록 이야기하는 것은 두말할 나위가 없다.

그렇다면 말을 맛깔나게, 실감 나게 말할 수 있는 방법은 무엇인가. 표현력을 키우는 것이다.

사실만을 말하지 않고 거기에서 느껴지는 자신의 감정까지 더해보는 것이다. "길가에 사람들이 지나다닌다."보다는 "사람들이 바람도 불고 추워서 그런지, 주머니에 손을 넣고 빠르게 걸어가네."가 더 실감 난다. "귤을 맛있게 먹었다."라는 말보다는 "식탁 위에 귤이 세 개 있어서 잘생긴 놈 하나를 집어서 까서 하얀 거 떼어내고 통째로 한입에 먹었는데 과즙이 터져서 입안에 가득 퍼졌다."라고 말하면 어떨까. 듣는 이들의 침샘은 이미 폭발했을 것이다. 다른 점이 무엇인가. 묘사다. 듣는 이들로 하여금 연상하고 상상하게 하는 것이다. 실감 나게 말한다는 것은 장황하게 말하는 것과는 다르며 내가 말하는 내용을 연상이지만 실제로 상대가 느낄 수 있도록 말한다는 것이기에 상대가 머릿속에서 경험해 보았던 것에 비추어 상상할 수 있도록 그림과 함께 느낌을 그려 주는 것이다.

상대에게 무슨 말을 이야기하는데 알아듣지 못한다면 당신은 어떻게 하는가. "예를 들어서…."라고 말하며 상대가 경험해 봤음 직하고 이해할 만한 수준의 이야기를 풀어서 설명하고 묘사하며 말하지 않는가. 스토리는 내가 전달하고자 하는 내용을 더욱더 재미있고 품격 있게 전달할 수 있는 막강한 말하기 도구이다.

강의를 하는 사람이라면 당신이 하는 강의는 스토리와의 싸움이다. 여기에서 간과해서는 안 될 것은 스토리가 많다고 무조건 좋은 것은 아니라는 점이다. 적절하게 잘 비벼야 맛이 나는 것이다.

스토리를 통하여 자신이 하고자 하는 말을 체감하며 쉽게 이해되도록 하기 위한 것이지 스토리가 주된 것은 아니다. 마지막으로 자신은 스토리가 없다고 말하는 사람이 있는데, 이것만 생각하라. 내가 경험했다고 해서 다른 사람도 경험했으리란 법은 없다. 내가 생각하기에는 하찮은 것도 다른 이에겐 대단한 것이다. 음식의 맛을 표현해 보고 상황을 묘사하며 설명하는 연습을 해라. 맛깔나게 한다는 말 안에 숨은 또 하나의 의미는 매력이다. 스토리를 전할 때 진정성 있는 표현력은 당신을 매력 넘치는 사람으로 기억되게 할 것이다.

이제는 스펙이 아니라 스피치다

죽이는 강의, 살리는 강의
−강사는 철학자다

결혼 후 부모님과 함께 살았을 때의 일이다.

물론 지금도 그러시지만 내가 강의를 하러 가면 어머니는 너무나 대견해하시고 좋아하셨다.

돈을 벌어서도 좋지만, 이제껏 풀어내지 못하고 꽁꽁 묶어 두었던 나의 자질을 유감없이 발휘할 수 있게 된 것을 기뻐하셨다.

또한, 어머니는 내가 강의를 마치고 돌아오면 뻔한 답이 돌아올 줄 알면서도 물어보셨다.

"오늘 강의 어땠어?" 그러면 나는 어김없이 이렇게 대답한다.

"응, 다 죽여 버렸어." 그러면 어머니가 하는 말씀이 있다.

"너는 왜 사람을 그렇게 죽이고 다니니? 사람을 살려야지."

강의를 하다 보면 성공할 때도 있고 실패할 때도 있다.

반응은 좋았으나 왠지 찜찜한 경우도 있고 내가 생각해도 강의가 별로였는데 피드백이 좋아서 다시 강의를 간 적도 있다. 강사는 강의를 하는 자신의 말이나 행동에 청강자들이 즉시 반응을 보이지 않으면 당황해서 그 뒤의 흐름이 깨지는 경우가 있다.

욕심이다. 욕심이 앞선 것이다. 가끔 어느 강사는 강의의 반응 없음을 청강자들의 탓으로 돌리고 애써 자신의 무능함을 감추려 청강자들을 무식하다느니, 돌부처 같다느니 하며 폄하하기까지 한다. 그러나 확실히 짚고 넘어가야 할 것은 모든 강의의 성공과 실패는 전적으로 강사의 책임이다.

그렇다면 성공은 무엇이고 실패는 무엇인가?

청강자들은 모두 제각각의 사고방식과 가치관을 가지고 있다. 이런 상태에서 모든 사람을 만족시키기란 그리 쉬운 것이 아니다.

결론부터 말하자면 강사의 정직한 삶의 태도가 성공과 실패의 관건이다.

모든 에너지는 흐른다.

강사가 아무리 청산유수처럼 달변가일지라도, 아무리 매분마다 배꼽을 잡게 웃길지라도, 강사의 진정성이 느껴지지 않는 한 에너지의 흐름은 멈춘다.

그리고 언젠가부터 청강자들은 마음을 닫고, 강사는 벽을 보고 말하게 된다.

서로가 힘들어지는 것이다. 밝은 감정이 오가고 강사의 진정성이 느껴질 때 청강자들의 마음은 움직이고 강사도 소위 말하는 작두를 타게 된다.

호소력이 있는 연설문이나 설교, 강의는 애절함이 있다. 그리고 바람이 묻어난다. 그다음이 말투, 제스처, 언변, 용모, 호감도이다.

강사의 능수능란한 스킬은 천부적인 것도 무시할 수 없지만, 경험과 청강자들의 몸짓과 눈짓, 그때의 분위기를 읽어내는 묘한 '감정 라인'을 얼마만큼 잘 읽어 내느냐 또한 중요하다.

나는 사람을 살리고 싶다. 나에게 베풀어 주신 달란트로 사람을 살리고 싶다.

내가 강사로서의 삶을 택하고 행복하게 즐기는 이유는 '사람을 살리는 작업'이기 때문이다.

죽이는 강의, 살리는 강의
-강사입니까

강의를 잘하고 싶다면 다음의 여섯 가지 팁을 참고하라.

첫 번째, 말이 안 되면 얼굴이라도 펴라.

말보다 인상이다. 웃어라. 사람들은 얼굴부터 본다.

부드러운 얼굴은 마음에서 온다. 말이 안 되면 얼굴부터 펴서 일단 당신 자신을 받아들이게 하라. 일단 웃는 사람을 싫어하는 사람은 없다.

웃는 얼굴은 이와 더불어 매력 있게 보이기까지 한다.

자기는 웃지도 않으면서 "여러분, 제발 웃으세요!"라고 하면 청중들은 '너나 웃으세요!'라고 생각할 것이다.

웃어라.

두 번째, '일관성'은 생명이다.

단어 하나만 생각하고 예를 들더라도 주제에서 벗어나지 않게 하라. 청중들은 당신의 이야기에 집중한다. 다른 이야기로 넘어가려든 앞의 이야기를 마무리 짓고 가라. 청중들 마음에 '도대체 무슨 말을 하는 거야?'라는 생각이 드는 순간부터 당신의 이야기는 들으려 하지 않고 딴짓을 하기 시작할 것이다. 뜬구름을 잡을 재주는 없다.

세 번째, '정보'가 아닌 '이야기'를 하라.

사람들은 정보나 교훈에 움직이는 것이 아니고 나의 이야기에 움직인다. 들은 얘기를 하지 말고 바로 당신의 이야기를 해라. 스토리에는 힘이 있다. 스토리텔링 기법은 별것 아니다. 들은 이야기라도 당신 안에서 체화되고 곰삭은 이야기, 경험하고 깨닫게 된 이야기. 그것이 진짜 스토리이고 당신만의 강의 소스인 것이다.

네 번째, 가르친다는 생각은 버려라.

강의나 설교는 가르치는 것이 아니라 일깨워주고 자극을 일으켜서 다짐하고 행동하게 하는 데 있다. 가르치는 것이 아니라 나눠주고 물음을 던져 주는 것이다.

다섯 번째, 그렇게 살아라.

모든 것은 느껴진다. 사람들은 신기하게도 그걸 안다. 거짓으로 말하지 말고 위선을 버려라. 당신이 말하는 그대로 살고 있고, 살려고 노력한다는 걸 청중들이 느끼게 하라. 아내를 사랑하고 자녀와 부모를 기쁘게 해 주려고 노력하며 살아라. 진실하고 성실하게 일과 사람을 대하라.

당신의 몸과 마음가짐이 품성과 인격이 되어서 당신 안에 담기게 된다. 그렇게 살면 말이 어눌해도 괜찮다. 스펀지가 물을 머금고 있을 때 짜면 물이 나오듯이, 무엇이든지 배어 있는 것은 나오게 마련이다.

여섯 번째, 재미는 양념이다.

재료만 끓이면 맛이 안 나듯이 재미는 양념이다.

물론 재료 본연의 맛도 있지만, 양념은 재료를 어우러지게 하고 맛을 낸다. 그 재료가 회라면 그 자체로 맛있겠지만, 고추냉이나 간장에 찍어 먹으면 더욱더 맛있는 것과 같은 느낌이라고 보면 무방하다. 또한 소리를 고래고래 지르는 설교자나 강사가 있는 반면에 너무 조용하게만 말하는 사람도 있다. 말은 특히 사명을 띠고 해야 한다. 앞에서 말하는 사람은 볼륨 톤에 강약을 줘야 한다. 그래야 재미가 있을 최소한의 여지가 있는 것이다.

지루하게 하는 것은 그들에게서 생명의 한 부분을 빼앗는 것이나 마찬가지다.

청중은 씩 하고 한 번 웃는 순간부터 당신과 이야기를 더욱 깊게 받아들이게 되고 효과는 배가 된다. 그러면 더욱 풍성한 강의나 설교가 될 것이다.

이제는 스펙이 아니라 스피치다

죽이는 강의, 살리는 강의
─강사가 기억해야 할 여섯 가지

첫 번째, 시간 엄수.

강의 시간은 꼭 지켜야 한다. 일찍 강의장에 도착하라는 말이 아니라 끝내는 시간을 말하는 것이다.

자신이 전해 주고자 하는 말이 많아도 청강자들이 인지하고 있는 시간이 넘어가는 순간부터 지루해지며 금빛 같던 당신의 언어와 당신의 이미지는 퇴색된다. 듣기 싫은 잔소리를 연상하면 정확하다.

두 번째, 호응 유도를 위해서 소리를 지르게 하거나 과도한 스킨십은 안 된다.

초보 강사들이 범하는 가장 큰 실수 중 하나는 처음부터 큰소리로 자기소개를 하거나 박수나 웃음 등의 큰 동작으로 호응을 유도하거나 청강자들의 분위기를 부드럽게 하기 위해 안마를 하는 등의 스킨십을 시키는 것이다. 그러나 처음부터 사람들은 움직이거나 마음의 문을 여는 걸 두려워하고 거북스러워하기 때문에 이는 금물이다.

세 번째, 발음은 정확하게 하라.

발음의 정확성은 강사의 생명이다. 청강자들에게 내용은 고사하고 소리조차 제대로 들리지 않는다면 그 사람은 왜 그들 앞에서 마이크를 잡고 서서 웅얼거리고 있단 말인가.

입을 크게 벌리고 단어 하나하나의 음가를 정확하게 발음하여 소리 내는 연습을 해라.

네 번째, 자신의 이야기를 해라.

어디서 들은 이야기를 자신의 이야기처럼 말하는 것은 최악이다. 그 사람은 이미 강사가 아니다. 들은 건 들었다고 말하고, 읽은 건 읽었다고 말해야 하며, 본 건 보았다고 말하라.

이보다 으뜸은 자신의 경험이지만, 그런 것이 미천하다면 확실한 출처를 밝혀라.

자신이 경험하고 느끼고 체득한 이야기보다 파워풀한 소재는 없다.

다섯 번째, 끝은 밝게 해라.

멋있게 보이려고 강의 끝에 멋지거나 감동받은 글이나 시를 읽는 것은 하나도 안 멋있다.

그동안 쌓아 놓은 긴장의 끈을 스스로 풀어 버리는 격이다.

감동은 강의 사이에 주고, 강의의 끝은 밝게 박수로 맺는 것이 깔끔하다.

여섯 번째, 매력이 넘치는 강사가 되어라.

청강자들은 물론 강의 내용에 감명을 받지만, 철철 묻어나는 강사의 매력에서도 감동받는다.

　자신감이 넘치고 활력 있는 말과 진술한 언어가 외모가 매력 있지 않거나 불우한 환경이었거나 학력 하나 내세울 것 없는 당신을 매력 있게 하고 빠져들게 할 것이다.

죽이는 강의, 살리는 강의
-강사는 어떻게 말해야 하는가

말을 잘하고 싶다면 '느낌 강도'를 체크하라.

'말'은 곧 '느낌'과 '생각의 형상화'이기 때문이다.

생각을 형상화하는 틀이 말이고 그 틀에는 발음과 발성, 서론-본론-결론 등의 스킬이 따르는 것이다. 자기 생각이 강하면 소리 높여 강하게 말하게 되고 분명하지 않으면 주눅이 들어 제대로 된 말을 할 수 없는 것이다. 그러므로 말을 잘하기 위해서는 '생각 정리'의 시간이 필요하다. 책을 많이 읽으면 말을 잘하게 될 것이라는 통념도 틀린 말은 아니다. 책이나 신문을 읽으면 지식도 들어가지만, 자신만의 가치관이 정립되기 때문이다. 예를 하나 들어 보자. 흔히 목사들은 말을 잘한다고 한다. 왜 그럴까? 소신이 분명하기 때문이다. 확신이 답이다.

수학 공식을 외우고 이해하여 개념 정리가 된 후에는 어떠한 문제도 두렵지 않고 수학이 재미있어지기까지 하는 이치가 바로 그것이다.

말에 익숙해지는 연습을 해라. 정리해서 내놓으려면 힘들다. 일단 스쳐 지나가는 단어를 잡아서 뱉어내라. 그러면 신기하게도 다음 말이 이어진다. 뇌에 자극을 주는 것이다. 아이가 처음 말을 배우거나 영어를 처음 접할 때는 띄엄띄엄 불안한 완성도를 보이나 반복하면 자연스러워지듯이, 자동차를 운전할 때 처음에는 긴장되고 입이 바짝바짝 마르지만 이내 익숙해지면 한 손으로 운전하듯이, 익숙해지는 반복이야말로 최선의 학습법이다.

따라서 스피치를 하기 전에 먼저 '생각 정리'를 해야 하는 것은 당연하다. 자신은 무심코 말한 것 같지만 컴퓨터에 입력된 것만 출력되듯이 내가 생각하고 정리해서 입력된 것만 나오게 되어 있다. 물론 시의적절한 멋진 유머도 내가 가지고 있고, 내 몸에 완벽하게 체득되어 있어야 나오는 것이다. 노래할 때도 그 곡을 완벽하게 소화해낸 사람은 여유와 자신감이 엿보이듯이 연설이나 강의를 할 때도 마찬가지다. 자신이 말하고자 하는 의지가 분명하고 생각이 무르익었을 때, 그리고 자신이 그렇게 살고 있을 때 힘이 있고 재미가 있으며 감동이 있다. 즉, '당신이 분명할 때' 사람들은 당신을 느끼기 시작한다. 말 잘하는 방법은 사실 거기서 거기다. 무엇이든 중요한 것은 방식을 습득하고 실천하는 것이다.

말하기의 중요한 요소 중 첫 번째는 '똑똑히 들리도록'이다.
자신은 의식하지 못하는데 말할 때마다 뒤끝을 흐리는 사람이 의외로 많다. 자신은 말했다고 생각하지만, 상대에게 들리지 않는다면 말을 한 것이 아니다.

1:1로 대화할 때는 아무렇지도 않던 사람이 여러 명 앞에서만 서면 기어들어 가는 목소리가 된다거나 얼굴이 빨개지고 자신을 주체하지 못하게 되는 경우는 발음만 정확하게 하는 연습만 해도 대부분 해결된다.

여러분이 아는 성악가 중에서 허리를 구부정하게 하거나 말을 흐릿하게 하는 사람이 있는가. 제대로 교육받은 성악가라면 그런 사람은 아마 찾기 힘들 것이다. 정확한 발음과 여유 있는 호흡은 대화하거나 강단에서 말을 하는 사람에게 자신감을 준다. 성악가들을 보면 발음도 정확하고 소리가 울린다는 느낌을 받는다. 그 이유는 이들이 유난히 소리가 커서가 아니라 호흡을 잘하고 입을 열어서 소리가 앞으로잘 뻗어 가기 때문이다. 말은 한다고 해서 다 말이 아니다. 상대방이 알아들을 수 있어야 말이다. 더군다나 강사나 연사가 어물어물 말을 한다는 것은 있을 수 없는 일이다. 정확한 발음으로 하는 말은 듣는 이들로 하여금 편안함과 더불어 매력까지 느끼게 한다.

필자에게 "어떻게 하면 강의를 잘해요?"라고 물어 오는 대부분의 사람이 가장 간과하는 것 중 하나가 바로 '발음과 호흡'이다. 대부분은 '위트 있게 말하는 법'이나 '강의할 때 사용할 만한 유머' 등 이런 것을 물어 오신다. '말은 내가 할 줄 아니까 그건 됐고.'라는 식이다.

그러나 명심하라. '발음과 생각은 일치'하고 '강의력은 생각의 총량'이다.

이제는 스펙이 아니라 스피치다

두 번째로는 그림을 그리는 것처럼 하는 것이 가장 좋다. 설명과 묘사가 분명하면 할수록 말의 맛이 살아난다. 너무나도 당연한 이야기이지만, 가장 안 되는 부분이기도 하다.

대부분의 사람은 이성적이기보다 감성적이고 이해하기보다는 느끼며 텍스트보다는 공감을 원한다. 즉, 동감과 공감이 되었을 때 고개를 끄덕이고 받아들이게 되는 것이다.

당신이 짜장면 이야기를 한다면 이미 청강자들의 머릿속에는 짜장면의 그림이 떠오른다.

설명과 묘사로 그림 그리듯이 말하는 것이 더욱 공감되는 설교나 강의의 포인트다.

이야기의 소재가 많다고 해서 말을 잘하고, 강의를 잘하는 것이 아니다.

미국 독립전쟁의 도화선이 되어서 전쟁을 성공적으로 이끌었던 당시 미국 버지니아주 의원 패트릭 헨리의 "자유가 아니면 죽음을 달라."라는 명연설의 한 줄을 당신은 어떻게 읽을 것인가.

'자유'와 '죽음'에 강한 악센트를 주어서 말할 것이다. 이렇듯 강사의 말이란 일단 정확한 발음과 강약의 조절만으로도 청중의 가슴을 울리기에 충분하다.

세 번째로는 자신의 이야기를 해라.

"그랬다더라." 하는 다른 사람의 이야기는 없다. 느끼고 경험해서 숙지한 이야기를 꺼내 놓아야 일어난다. 책에서 본 이야기라도 자기 것으로 체화되지 않은 것은 하지 마라. 그 이유는 어색해서다. 어색하면 받아들이기가 쉽지 않다.

상대에게 피드백을 바로 느낄 수 있기 때문에 자기가 생각하고 있는 내용을 1:1 대화로 연습해 보면 금방 알 수 있다. 1:1, 1:2, 1:3…. 이렇게 차츰 늘여 가다 보면 어느새 상대의 감정을 내가 느끼며 정확하게 전달한다는 것이 무엇인지 알 수 있을 것이다.

스피치, 한 걸음 더
―시선 편

시선이 머물 곳이 없다면 웃는 사람을 보라.

"대화할 때 어디를 봐야 하나요?"
"앞에서 말할 때 어디를 봐야 하나요?"
"코를 보나요, 멀리 있는 시계를 보나요?"

스피치 코칭을 하다 보면 '시선 처리' 문제는 자주 듣는 질문이다. 말을 잘하는 것과 시선 처리의 문제는 '자존감과 자신감 그리고 확신'으로 귀결된다. 자존감이 높고 자신의 주장에 확신이 있는 사람은 당연히 자신감 있게 말하게 되며 한 걸음 더 나아가 자신의 말로 상대를 설득하고자 하면 상대의 눈을 보고 강조하며 전달하게 되어 있다.

권리를 침해당해 무언가를 따지는 사람의 눈과 행동을 떠올려 보아라. 수학 문제를 열심히 가르치는 선생님이 학생을 대하는 태도를 생각해 보아라. 진리의 복음을 선포하는 목사를 떠올려 보라. 열강을 하는 강사나 정치인은 어떠한가. 그들에게 관심 있는 것은 자신의 말을 듣는 대상이고 그들은 설득하고자 하는 대상의 눈을 바라보며 집중하고 한 사람만이 아닌 모든 사람을 아우른다. 그들의 눈은 간절한 만큼 바삐 움직이며 듣는 이들의 심장까지 파고들어서 듣는 이들은 끝내 설득당하고 감동에 이르기까지 한다.

상대의 눈을 바라보는 것이 두려운가. 그렇다면 당신의 자존감과 전하고자 하는 말에 확신이 있는지부터 점검하라. 나는 성악을 전공했지만, 지금도 박자에 대한 불안이 있다. 그 불안은 악보를 거듭하여 보고 여러 번 듣고 불러 보며 극복하려 한다. 그러면 어느새 자신감이 생기고 이윽고 무대에 서면 비로소 사람들의 눈과 표정과 반응들이 보이고 여유가 생기며 노래에 힘이 붙고 감정을 이입하기까지 하며 그들에게 다가간다.

강의 또한 강연자가 자신이 하는 말처럼 살고 그렇게 하려고 노력하는 중에 얻은 깨달음이 있다면 그의 말에는 힘이 있고 시선은 당연히 듣는 이들의 눈과 얼굴로 향하며 가슴으로 파고든다.

강의나 설교를 할 때도 마찬가지다. 많은 양의 정보와 지식을 갖추고 하고자 하는 말을 모두 정리하고 모조리 외웠다면 떨지 않을 수는 있겠으나 말하는 사람 자신 안에서 곰삭지 않고 확신이 부족한 강연이나 설교의 감동은 기대에 못 미치거나 타다만 성냥불 같을 것이며 듣는 이들의 집중도도 떨어질 것이다.

그렇다면 이상의 모든 것이 준비되어 있거나 자신감 있는 모습으로 말하려면 시선 처리는 어떻게 하면 좋을까. 둘이서 대화할 때 상대의 눈만 너무 뚫어져라 쳐다보면 공격적으로 보일 수 있고 여러 사람 앞에서 말할 때 멀리 있는 시계만 바라보거나 한 사람만 보면서 말하는 것도 이상하다. 어느 책에 보면 시선을 "'W' 형태로 보라.", "'Z' 형태로 보라."라는 둥 여러 말이 있으나 간략하게 실질적이고 전략적인 시선 처리 스킬을 정리하자면 이것이다.

시선 처리의 목적은 전체를 아우르며 당신의 말을 명확하게 전달하는 데 있다는 것을 명심하라.

첫 번째, 호의적으로 웃는 얼굴을 보면서 말하라.

웃는 얼굴을 보면 자신이 인정받고 있거나 잘하고 있다는 착각이 들게 만들기도 하고 무엇보다 마음이 편하고 여유가 생긴다. 당신이 자신감이 없고 말할 것도 생각이 잘 안 날 정도로 떨린다면 무표정이거나 팔짱을 끼고 다리를 꼬고 의자 등받이에 깊숙이 기대고 앉아 있는 사람과의 시선은 될 수 있으면 피하라. 그 사람의 마음과는 상관없이 그 모습만으로도 당신은 위축되고 머리가 하얗게 되고 자신이 잘못하고 있다는 착각과 함께 거부당한 느낌마저 든다. 이러한 이유로 당신이 말할 때 고개를 끄덕여 주거나 미소를 보내며 가슴이 당신 쪽으로 향하고 관심 있게 바라봐주는 사람을 보면서 하라. 한결 말하기가 편해질 것이다.

두 번째, 앞사람보다는 뒷사람을 바라보라.

청중이 있을 때 앞에 있는 사람에게만 시선을 주면 그 뒤에 있는 사람들은 버리는 것이다. 생각해 보자. 강연자가 말을 할 때 당신이 어디에 앉아 있든지 간에 강연자와 눈이 마주치게 되면 당신은 기분이 어떠하며 몸은 어떻게 반응하는가. 당신은 강연자가 자신에게 말하는 것이라 착각하고 고개를 끄덕이거나 교회라면 "아멘."이라고 한다든지, 우스운 이야기라면 더 큰 미소를 보인다든지 등 어떤 방식으로든 무언가에 이끌리듯이 내가 당신의 말을 잘 듣고 있다는 표현을 자신도 모르게 하게 된다.

당신이 반응하는 그와 동시에 최소한 당신의 앞, 옆, 뒤, 주위에 있는 사람도 비슷한 반응을 보이게 된다. 이것이 시선 처리의 효과다. 앞사람의 얼굴을 보지 말라는 것이 아니라 전체를 아우르라는 말이다

세 번째, 귀퉁이 꼭짓점과 가운데 서너 곳을 보라.

시선은 소외되는 사람을 최소화해서 전체를 장악해야 한다. 따라서 꼭짓점과 가운데를 바라보는 것은 당신의 시선으로 청중을 가두어 놓고 말하는 방법이다. 두 번째에서 언급했듯이 강연자가 자신을 바라보면 자신에게 말하는 듯한 착각을 일으키며 자신도 모르게 동조하게 되는 것처럼, 꼭짓점과 가운데 서너 군데를 찍어 그 자리에 있는 사람들의 눈과 마주치면서 말하게 되면 그 옆, 앞, 뒤, 주위에 있는 사람들 모두를 아우르게 된다. 이런 방식의 시선 처리만으로도 당신은 자신감 있게 보이게 되며 신기하게도 자신감이 실제로도 생겨나는 놀라운 일이 일어나기도 한다.

네 번째, 둘이서 대화한다고 생각하라.

이제는 스펙이 아니라 스피치다

여러 사람 앞에서 말하는 것이 누구에게나 두려운 이유 중 하나는 많은 눈이 자신만을 바라보고 그들에게 평가받는다는 느낌이 들기 때문이다.

그래서 실수하면 안 된다는 중압감이 밀려오고 준비했던 말도 생각나지 않고 떨려서 온몸이 풀리는 것이다. 시선을 둔다는 것은 그 순간에 그 사람과 대화 상태가 된다는 것이다. 여러 사람들이 있지만, 시선이 머문 그 사람에게 당신이 말하는 것이다. 당신의 시선을 느낀 그 사람은 표정과 몸짓으로 화답한다. 대화하듯 말이다.

이것은 최고 수준의 강연 기법이며 탁월한 방법이다.

주의해야 할 점은 특정인만을 계속 바라보면 안 되고 물 흐르듯 시선을 가지고 가되, 점을 찍듯 멈추며 흘러야 한다는 점이다.

나는 강의를 할 때 한 사람, 한 사람의 눈을 모두 마주치려 노력한다. 국세청 연수원 강의장은 넓고 경사져 있으며 부채꼴 모양으로 좌석이 배치되어 있어서 강의하며 눈 마주치기가 여간 어려운 곳이 아니다. 칠판은 지금까지 내가 본 칠판 중에서도 가장 길었던 기억이 있다. 그러니 당연히 강단도 길었고 그곳에서 나는 좌우로 걸어 다니다 잠시 멈추고 다시 좌우로 이동하며 강의했던 기억이 있다. 이유는 양쪽 끝을 놓치지 않고 전체를 아우르기 위해서였다. 그곳에서는 강의가 끝나자마자 그 자리에서 강사 강의 평가 점수가 나온다. 이후는 자랑이기에 생략한다. 눈을 보면 처음엔 두려우나, 그 표정과 몸짓이 변해 가는 반응을 보면서 자신감이 솟아나고 어느새 청강자와 대화하는 자신을 발견하게 된다.

스피치, 한 걸음 더
-나만의 책을 내고 싶다면

자신의 책을 쓰고 싶다고 말하는 이들에게.

나는 책 세 권을 집필했고 지금 마무리에 있는 책까지 나온다면 네 권째다.

많은 사람이 자신의 책을 내고 싶다고 말하지만, 어떻게, 어디부터 해야 할지 엄두를 못 내서 저자가 되는 건 그저 꿈으로만 간직하며 살아간다.

"내 얘기를 책으로 쓴다면 열 권도 넘을 거야."
"쓰고는 싶은데, 글재주가 없어서…."

생각만 하고 시도하지 않는 건 세상에 나오지 않는다. 이 말은 진리다.

서점에 즐비하게 진열된 글쓰기 안내 책자들에서 공통으로 하는 말은 이것이다.

"일단 써라."

"꾸준히 써라."

책을 내는 것은 영어 공부를 하는 것과 다르지 않다.
일단 시도하고 꾸준하게 하는 자가 결과를 맛본다.

글쓰기나 말하는 것이나 마찬가지인 것은 자신의 '생각을 정리'하는 데서 출발한다.

책을 수도 없이 생산하는 이들은 지금부터 첫 페이지를 시작해서 일필휘지로 써 내려가는 것이 아니다. 순간의 영감이 떠올라 한참을 써 내려 가기도 하지만, 책은 한 인간의 고뇌와 끈기의 산물이다. 하루에 몇 장을 휘갈기기도 하지만, 며칠 동안 한 글자도 못 쓰는 날도 있다.

창작의 고통은 피를 말리고 정신을 혼미하게 만들기도 한다. 그러나 절대 어렵지 않은 것 또한 글쓰기다.

일기를 쓰듯 자기 생각을 한 자씩 써 내려가면 그것이 어느덧 책이 되는 것이다. 출판사에서 당신의 글을 받아줄지, 말지는 그다음 문제다. '일단 써라.'

자신만의 책을 내고 싶거든 다음의 내용을 명심하라.

첫 번째, 글쓰기 파일을 만들어서 바탕화면에 두어라.

시작이 반이다. 생각만 하지 말고 일단 시작하라.

자신의 블로그 등에 정기적으로 글을 쓰는 것도 좋다. 컴퓨터를 켤 때마다 습관적으로 끄적거려라. 한 단어여도 좋다. 처음부터 정리되어 끝까지 책을 써 내려가는 사람은 없다. 단어가 문장이 되고 글이 된다. 시간이 지날수록 페이지는 늘어난다.

두 번째, 다섯 줄 이상의 글들을 생산하라.

문득 생각나는 것이나 들은 이야기 등을 다섯 줄 이상의 완성된 문장으로 써놓아라. 나중에 살을 붙이고 다른 글과 연결 짓기가 수월하다.

세 번째, 주제의 일관성을 가지고 써라.

글을 쓰다 보면 자신만의 색깔이 나온다. 관심 분야가 생기고 자신의 철학이 배어 나오는 글이 진짜 글이다. 어휘력이나 문장력은 다음 문제다.

네 번째, 글을 꾸미려 하지 마라.

지극히 현학적인 글은 쓰기도 어렵고 잘 읽히지도 않는다. 군더더기가 없는 속살 같은 글을 써라. 내가 어려우면 다른 이도 어렵다.

다섯 번째, 주제별로 묶어라

비슷한 내용의 주제별로 글을 모아라. 그리고 어울리는 소제목을 붙여 보아라. 책을 내기 위해 처음에 의도한 글쓰기와 다른 차원의 글들을 보고 당신은 놀랄 것이다.

이제는 스펙이 아니라 스피치다

여섯 번째, 출판사는 사업체다.

출판사도 엄연히 사업체이기에 돈을 벌어야 한다. 그 말인즉슨 아무 글, 아무 사람이나 책을 내주지는 않는다는 말이다. 출판사에 투고 후 퇴짜를 맞는다고 해서 포기하지 마라.

자비로 출판하는 곳도 있고 비용도 비싸지 않다.

물론 출판사에서 내더라도 어느 정도의 양은 저자가 팔아줘야 서로 윈윈이 된다.

중요한 건 어디에서 냈느냐가 아니라 내 책이 있느냐, 없느냐이다. 절대 사라지지 않는 지적 소유권이 부여된다는 것에 방점이 있다.

나는 전에 집필한 책 세 권을 아무 곳에서도 받아주지 않아 자비로 출판했다. 강의를 하는 강사로서 저서가 있다는 건 꽤나 커다란 프라이드를 갖게 하지만, 이름 있는 출판사에서 책을 내지 못했다는 이유로 책 이야기를 할 때면 움츠러들곤 했다. 『이제는 스펙이 아니라 스피치다』라는 네 번째 책을 마지막으로 정리 중이다. 지금 당신이 보고 있는 바로 이 책이다.

원고를 가지고 이리저리 투고해 보겠지만, 한글 파일 A4 용지에 10포인트로 80페이지 이상 썼다는 자체가 대견하다. 글쓰기는 내 생각의 파편이며 삶을 풍요롭게 하는 원동력이자 내 인생의 흔적이다. 글을 쓰고 책을 내고 싶어 하는 사람만이 느끼는 희열을 당신도 느껴 보기 바란다.

'일단 시도하고 써라.'

스피치, 한 걸음 더
-인사말, 건배사 편

건배사나 인사말은 그 사람의 인격이고 품격이다.

요즘 스피치 코칭을 받으시는 분이나 받았던 분들의 요구 중 최다 요구는 단연 연말 회식 때 할 인사말이나 건배 제의 내용이다. 전화나 문자로 물어 오실 때 멘트도 한결같다.

"원장님. 짧으면서 임팩트 있는 멘트 뭐 없을까요?"

이런 요구를 받을 때면 내가 그동안 뭘 가르쳤나 답답하고 누구 말처럼 내가 이러려고 스피치 코칭을 했나 자괴감이 든다. 자기 생각을 분명하게 전달하여 알아듣게 말하는 것이 스피치인데, 그야말로 자신의 마음을 전달하면 되는데, 그 마음과 분위기와 상황을 내가 알 길이 없는데 무엇을 알려달라는 것인가.

당장 발등 위의 불이니 끄고 보자는 심정으로 물어 오는 건 이해가 가나, 인사말이나 건배 제의 멘트는 그 조직이나 단체의 상황이나 그 당시의 분위기를 알지 못하고 웃기는 말이나 "구구팔팔이삼사." 같은 말을 했다가는 말한 사람이나, 청중이나 서로의 수준을 심대하게 격하시키는 것으로 생각되어 조심스럽다. 일단 나는 건배 제의로 "진달래.", "오징어.", "재건축." 등의 줄임말 등은 권하지 않는다. 이런 말은 무슨 뜻인지 이야기하며 흥을 돋우거나 "일단 마시자!" 하며 왁자지껄 재미있게 보내길 원하는 또래나 동료들에게는 재미있고 심플하며 위트가 넘치고 좋으나, 인사말이나 건배 제의 시 품격을 원하는 리더나 나이가 지긋한 분들께는 권하지 않는다.

그렇다면 누구나 사용 가능하면서 깔끔한 건배 제의 하나 제안하고 다음으로 넘어가자.

"다 같이 잔을 채우시고. 요즘 다들 영어 잘하시죠? 제가 영어로 건배 제의를 하면 여러분도 영어로 화답해 주시기 바랍니다. 자, 잔을 높이 드시고 다 같이 원 샷!"

그러면 좌중은 한바탕 웃음이 터지고 "원 샷!" 하면서 깔끔하고 임팩트 있게 마무리된다.

품격 있는 인사말과 건배 제의에 관한 분명한 나만의 코칭 원칙은 '마음의 온도가 느껴지는 긍정 언어'다.

말에는 힘이 있어서 사용하는 단어 하나마다 에너지가 흐른다. 부정적인 단어는 부정적인 에너지가 흐르며 말하는 이와 듣는 이 모두의 에너지 레벨을 떨어뜨리고 긍정적인 단어는 희망과 관심이 흐르며 좋은 호르몬이 분비되게 하며 뇌를 상쾌하게 감동시킨다.

송년회 인사말을 코칭받으러 오신 중견 건설회사 상무분의 멘트를 예로 들어 설명하겠다.

"오늘 이렇게 다 같이 얼굴을 보니 반갑고, 이 자리를 마련해 주신 사장님께 먼저 감사드립니다. 올해 고생들 많이 하셨습니다. 내년에도 고생들 많이 해 주시고 저도 같이 고생하겠습니다. 자, 다들 잔들 채우시고 파이팅 한번 합시다. 파이팅!"

이 멘트를 송년회장에서 들었다고 생각해 보자. 어떠한 마음이 드는가. 어떤 생각이 떠오르는가. 나는 코칭하는 입장이라 이 멘트를 바로 앞에서 들었다. 듣고 난 후 나는 이분의 회사 사람이 아닌데도 힘이 빠지고 올해 엄청나게 고생했던 장면들이 떠오르는 것 같았다. 좀 과장해서 말하면 이 말을 들은 직원들은 자신이 이 회사의 주인까지는 아니더라도 늘 고생하며 일만 하는 사람이라는 생각이 들 것 같고 술맛도 없을 것 같았다.

아니, '이 짧은 멘트에 무슨 그리 많은 생각을 하나?'라고 말하는 사람도 있을 것이다. 여기에서 다른 건 배제하고 단어 사용과 내용을 보면 '고생'이란 단어가 세 번 나온다. 고생이라는 단어를 사용한 마음은 이해가 간다. 정말 회사를 꾸려나가기 위해서 서로 고생하며 힘겹게 지내온 시간들을 생각해서 임원으로서, 가족 같은 마음에서 위로의 말을 한 것은 분명하다. 그러나 정 사용하고 싶다면 '고

이제는 스펙이 아니라 스피치다

생'보다는 '수고'라는 단어가 더 낫다. 말은 느낌이고 그 느낌을 살려 주는 것은 단어다.

한 걸음 더 나아가서 '고생'이나 '수고'라는 말을 아예 빼 버리고 '감사'나 '고마움'을 넣는다면 고수 중의 고수다. 고수가 되는 방법은 '긍정의 단어'다. 또 말의 순서에서 간과해선 안 되는 것은 송년회의 특성상 지난 시간을 함께해 온 직원들을 격려하고 내년을 기약하는 자리이므로 주인공은 '여러분'이 되어야 한다. 이 자리를 마련해 주신 사장님에 대한 감사도 물론 중요하나 이 말이 먼저 나오면 직원들의 사기 진작에 그리 도움이 되지 않는다. 직원들에게 고마움을 먼저 표하고 곁들여서 사장님께 감사를 표하는 것이 상무로서 자칫 사장에게 아부하는 모습으로 비칠 수도 있는 상황을 만들지 않을 수 있다. 말은 지혜의 표출이다. 말에 지혜를 달라고 기도하라.

위의 인사말을 새롭게 정리하면서 여러 가지로 응용 가능한 송년회 인사말로 건배 제의 편을 마무리하고자 한다.

"오늘 이 자리에 여러분들과 함께라서 즐겁고 행복합니다. 한 해동안 많은 일들 가운데 우리가 하나로 견뎌내고 이겨내었던 순간들을 생각하면 여러분들에게 이 자리를 마련해 주신 사장님과 더불어 감사함과 고마운 마음을 표현하지 않을 수가 없습니다. 제가 좋아하는 〈꽃자리〉라는 시에 이런 구절이 있습니다. '네가 시방 앉은 그 자리가 꽃자리니라.' 저는 여러분과 함께한 이곳이 꽃자리라고 생각합니다. 때론 우리가 있는 이 자리가 가시방석 같을지라도 저는 여러분과 함께하기에 그 자리가 꽃자리가 될 거라 확신합니다. 내년에도 우리 모두 서로에게 꽃자리, 꽃방석 많이 만들어 줍시다. 감사하고 사랑합니다."

당신이 리더건, 아니건 상관없다. 앞에서 말하는 사람은 최대한 넓은 마음으로 가르치듯 하지 말고 희망을 주며 겸손한 자세를 유지해야 한다.

말이 인격이고 품격이다. 마이크는 잡고 있는 것이 아니라 넘기는 거다.